CRÉER DANGEREUSEMENT

L'artiste immigrant à l'œuvre

DU MÊME AUTEUR

LE CRI DE L'OISEAU ROUGE, Pygmalion, 1996.
KRIK ? KRAK ! Pygmalion, 1996.
LA RÉCOLTE DOUCE DES LARMES, Grasset, 1999.
APRÈS LA DANSE. AU CŒUR DU CARNAVAL DE JACMEL, HAÏTI, Grasset, 2004.
LE BRISEUR DE ROSÉE, Grasset, 2005.
ADIEU MON FRÈRE, Grasset, 2008.

EDWIDGE DANTICAT

CRÉER DANGEREUSEMENT

L'artiste immigrant à l'œuvre

Traduit de l'anglais (États-Unis) par
SIMONE AROUS

BERNARD GRASSET
PARIS

L'édition originale de cet ouvrage a été publiée par Princeton University Press, sous le titre :

CREATE DANGEROUSLY.
The Immigrant Artist at Work

Dessin de couverture : © Pascale Monnin
Photographie de l'auteur : © Nancy Crampton

ISBN 978-2-246-78909-3

Deux cent mille et plus

Tout artiste est embarqué dans la galère de son temps (…)
Créer aujourd'hui, c'est créer dangereusement.

Extrait de « L'Artiste et son temps »,
conférence d'Albert CAMUS, 14 décembre 1957,
Grand Amphithéâtre de l'Université d'Uppsala
(in *Discours de Suède*)

Ceci est la fiction des commencements, formulée au passé. Mais ce ne sont pas des chants in memoriam. Ils peuvent être entendus comme une célébration de chaque récapitulation contemporaine de cette première création.

Maya DEREN,
Divine Horsemen : The Living Gods of Haiti

CHAPITRE 1

Créer dangereusement : l'artiste immigrant à l'œuvre

Le 12 novembre 1964, à Port-au-Prince, en Haïti, une foule énorme fut rassemblée pour assister à une exécution. Le président d'Haïti de l'époque était le despote François « Papa Doc » Duvalier, alors à la septième année de sa dictature qui allait durer quinze ans. Il décréta, pour le jour de l'exécution, la fermeture de tous les services gouvernementaux afin que les fonctionnaires puissent se mêler à la foule. Celle des écoles également, à charge pour les directeurs d'amener leurs élèves. Des centaines d'individus qui vivaient hors de la capitale furent transportés par bus pour y assister.

Les deux hommes qui devaient être exécutés étaient Marcel Numa et Louis Drouin. Marcel Numa, un grand jeune homme à la peau sombre âgé de vingt et un ans, venait d'une famille de planteurs de café installés dans une belle ville haïtienne du sud, Jérémie, souvent qualifiée de « cité des poètes ». Numa avait suivi des études d'ingénieur à la Bronx Merchant Academy de New York et travaillé pour une compagnie de navigation américaine.

Louis Drouin, surnommé Milou, un homme à la peau claire âgé de trente et un ans, venait aussi de Jérémie. Il s'était engagé dans l'armée américaine – à Fort Knox, puis à Fort Dix dans le New Jersey – avant d'étudier la finance et de travailler pour des banques française, suisse et américaine à New York. Marcel Numa et Louis Drouin étaient des amis d'enfance.

Lorsqu'ils s'installèrent à New York dans les années cinquante, après la prise de pouvoir de Duvalier, les deux hommes rejoignirent un mouvement appelé Jeune Haïti. Ils firent partie du groupe de treize Haïtiens qui quitta les Etats-Unis en 1964 pour déclencher une guérilla et tenter de renverser la dictature.

Les membres de Jeune Haïti passèrent trois mois dans les mornes et les montagnes du sud d'Haïti à se battre. La plupart d'entre eux y perdirent la vie. Marcel Numa fut capturé par des soldats de l'armée de Duvalier alors qu'il achetait de la nourriture dans un marché de plein air, habillé en paysan. Louis Drouin, blessé au cours d'une opération, avait demandé à ses amis de le laisser dans les bois.

« Selon nos règles, j'aurais dû dans de telles circonstances me suicider », aurait déclaré Drouin lors de son procès militaire à huis clos. « Chandler et Guerdès (deux autres membres de Jeune Haïti) ont été blessés… le premier a demandé… à son meilleur ami de l'achever ; le second s'est suicidé après avoir détruit une caisse de munitions et tous les documents. Je n'ai pas fait comme eux. Je n'ai réagi qu'après la disparition de Marcel Numa, qui avait été chargé de rapporter de la nourriture et de trouver un moyen pour fuir par la mer. Nous étions très proches et nos parents étaient amis. »

Après avoir, pendant des mois, tenté de capturer les hommes de Jeune Haïti, emprisonné et assassiné des centaines de leurs proches, Papa Doc Duvalier décida de faire un spectacle de la mort de Numa et de Drouin.

Et le 12 novembre 1964, deux poteaux en pin sont dressés devant le cimetière national. La foule présente a été rassemblée de gré ou de force. Les journalistes de la radio, de la presse et de la télévision ont été convoqués. Numa et Drouin portent des vêtements qui, dans un vieux film en noir et blanc, paraissent être ceux avec lesquels ils ont été capturés – une tenue kaki pour Drouin, une modeste chemise blanche et ce qui semble être des jeans pour Numa. On les sépare de la foule et on les fait avancer vers le lieu d'exécution. Deux sbires de Duvalier, des Tonton Macoute en lunettes noires et costume civil, leur lient les mains dans le dos et attachent les cordes autour de leurs avant-bras pour les maintenir contre le poteau.

Numa, le plus grand et le plus mince des deux, se dresse fièrement, c'est à peine s'il cherche appui contre la pièce carrée de bois derrière lui. Drouin, qui porte des petites lunettes, baisse les yeux vers la caméra qui est en train de filmer ses derniers instants. Il paraît lutter pour retenir des larmes et est légèrement penché en avant. Les bras de Drouin sont plus courts que ceux de Numa et la corde paraît plus lâche sur lui. Tandis que Numa regarde droit devant lui, Drouin rejette maintenant sa tête en arrière et l'appuie contre le poteau d'exécution.

La copie du film que j'ai passe en léger accéléré et parfois des plans sautent. Il n'y a pas de son. La foule s'étale au-delà du mur de ciment près duquel se trouvent Numa et Drouin. Sur le côté, de jeunes élèves se serrent sur un balcon. Le temps semble suspendu alors que la scène fourmille d'écoliers et de spectateurs divers. Les soldats transfèrent leur arme d'une main à l'autre et prennent position. Certains, dans la foule, protègent leur visage du soleil en mettant leur main en visière. D'autres attendent, passivement assis sur un muret en pierre.

Un jeune prêtre blanc en soutane, tenant un livre de prière, sort de la foule. Il semble être celui que tout le monde attend. Le prêtre dit quelques mots à Drouin, qui redresse son corps dans une attitude de défi. Drouin fait un mouvement de la tête vers son ami. Le prêtre passe un peu plus de temps avec Numa, qui hoche la tête. Si c'est l'extrême-onction pour Numa, la version est abrégée.

Le prêtre se tourne alors vers Drouin. Il est rejoint par un robuste Macoute en civil et deux policiers en uniforme, qui se penchent pour écouter ce que lui murmure le prêtre. Il est possible qu'ils soient en train de lui proposer un bandeau pour ses yeux ou une cagoule, qu'il refuse. Drouin secoue la tête, l'air de dire : finissons-en. Les deux hommes ne porteront ni bandeau ni cagoule.

Les sept hommes casqués en uniforme militaire kaki, qui forment le peloton, s'alignent et tendent un bras sur le côté. Chacun touche l'épaule de l'autre pour se positionner et constituer un espace entre eux. La police et l'armée repoussent la foule, peut-être pour lui éviter d'être touchée par des ricochets de balles. Les soldats du peloton d'exécution saisissent leurs fusils Springfield, les chargent puis les ajustent à l'épaule. Hors champ, quelqu'un crie probablement « Feu », et ils tirent. Les têtes de Numa et de Drouin se penchent d'un même mouvement sur le côté. Les balles ont atteint leurs cibles.

Alors que leurs corps glissent à terre, les bras de Numa se tendent légèrement au-dessus de ses épaules, ceux de Drouin restent au-dessous. Leurs têtes se redressent malgré l'affaissement des corps, lorsqu'un soldat en tenue de camouflage s'avance vers eux et leur donne le coup de grâce, après quoi les têtes tombent en avant tandis que les corps continuent de glisser au sol. Du sang sort de la bouche de Numa. Les lunettes de Drouin s'écrasent par terre, leurs verres brisés maculés de sang et de matière cervicale.

Le jour suivant, un des quotidiens nationaux, *Le Matin*, décrira la foule qui paraît abasourdie comme « fiévreuse, faisant montre avec une belle unanimité de son ardeur patriotique pour dénoncer l'aventurisme et le brigandage ».

« Les pamphlets gouvernementaux qui circulaient à Port-au-Prince la semaine dernière en disent long sur la situation », rapporte l'édition du 27 novembre 1964 de l'hebdomadaire américain *Time*. « Le Dr François Duvalier remplira sa sacro-sainte mission. Il a brisé et continuera de briser toutes les tentatives de l'opposition. Vous, les renégats, réfléchissez-y bien. Voilà le sort qui vous attend, vous et tous ceux de votre espèce. »

Tous les artistes, et les écrivains parmi eux, ont des histoires – qu'on pourrait appeler des mythes de création – qui les hantent et les obsèdent. Celle-ci joue ce rôle pour moi. Je ne me souviens même pas quand j'en ai entendu parler pour la première fois. J'ai le sentiment de l'avoir toujours connue, d'avoir nourri au fil du temps ma curiosité de détails découverts dans des photographies, des articles de journaux et de magazines, des films.

Comme tout mythe de création, mis à part cette confrontation désespérée de la vie et de la mort, la terre natale et l'exil, l'exécution de Marcel Numa et de Louis Drouin implique une désobéissance à une directive d'une haute autorité, et la punition brutale qui s'ensuit. Si on remonte au plus grand de tous les mythes de création, les tout premiers, Adam et Eve, avaient désobéi à l'être supérieur, qui les avait créés du chaos, et défié l'ordre de Dieu de ne pas manger ce qui a dû être la plus désirable des pommes. Adam et Eve furent alors bannis de l'Eden, ce qui fait que désormais nous pointons tous à l'horloge de la vie et donnons naissance dans la douleur.

L'ordre donné à Adam et Eve était de ne pas manger la pomme. Leur punition suprême fut le bannissement, l'exil du paradis. Nous, les raconteurs d'histoires de par le monde, devrions être reconnaissants que le bannissement ait été choisi pour Adam et Eve plutôt que l'exécution, car s'ils avaient été exécutés, il n'y aurait jamais eu d'histoire à raconter, ou à transmettre.

Dans sa pièce *Caligula*, Albert Camus, à qui j'emprunte en partie le titre de cet essai, affirme que pour cet empereur romain, peu importe que le citoyen soit exilé ou exécuté. Ce qui compte, c'est que lui, Caligula, ait le pouvoir de choisir. Avant d'être exécutés, Marcel Numa et Louis Drouin avaient déjà dû s'exiler. Jeunes, ils avaient fui Haïti avec leurs parents quand Papa Doc Duvalier avait pris le pouvoir en 1957 et décidé l'arrestation de tous ses détracteurs et opposants, dans la cité des poètes ou ailleurs.

Marcel Numa et Louis Drouin s'étaient fait de nouvelles vies de jeunes immigrants actifs aux Etats-Unis. En plus de l'armée et de son expérience dans la finance, Louis Drouin qui avait, disait-on, une bonne plume, était responsable de la communication de Jeune Haïti. Aux Etats-Unis, il collaborait à un journal politique haïtien, *Lambi*. Marcel Numa appartenait à une famille d'écrivains. Un de ses proches, Nono Numa, avait adapté la pièce de Corneille *Le Cid* à un contexte haïtien. Nombre de jeunes gens qui, avec Numa et Drouin, formèrent le groupe Jeune Haïti avaient vu leurs pères tués par Papa Doc Duvalier et étaient revenus, tels le Cid et Hamlet, pour les venger.

Comme la plupart des mythes de création, celui-ci aussi existe au-delà du champ de ma propre vie, mais il reste très présent, et même pressant. Marcel Numa et Louis Drouin étaient des patriotes, morts pour que d'autres Haïtiens puissent vivre. Ils étaient aussi des immigrants, comme moi. Et cependant, ils avaient abandonné des vies confortables aux Etats-Unis et s'étaient sacrifiés pour leur terre natale. Une des premières choses que le despote Duvalier avait tenté de leur arracher était l'élément mythique de leur histoire. Il les avait qualifiés, dans ses déclarations précédant leur exécution, non d'Haïtiens, mais de rebelles étrangers, de *blans* bons à rien.

À l'époque de l'exécution de Marcel Numa et de Louis Drouin, mes parents récemment mariés, tous deux âgés de vingt-neuf ans, vivaient à Port-au-Prince dans un quartier appelé Bel Air, à une trentaine de minutes à pied du cimetière. Bel Air avait un centre communal financé par le gouvernement, un *centre d'étude* où filles et garçons – principalement des garçons – étudiaient le soir, surtout s'ils n'avaient pas l'électricité chez eux. Certains de ces jeunes gens – pas mes parents, mais ceux qui fréquentaient le centre – appartenaient à un club de lecture parrainé par l'Alliance française : le Club de Bonne Humeur. Ils travaillaient sur une pièce de Camus, *Caligula*, et pensaient la mettre en scène.

Dans la version de Camus, quand sa sœur, qui est aussi son amante, meurt, Caligula se met d'abord en colère puis peu à peu s'égare. En préambule de mon édition américaine, j'ai cité cette phrase de Camus : « Je cherche en vain la philosophie dans ces quatre actes. (...) J'ai peu de respect pour un art qui cherche délibérément à choquer parce qu'il est incapable de convaincre. »

Après les exécutions de Marcel Numa et de Louis Drouin, alors que les images de leur mort défilaient en boucle sur les écrans de cinéma et de la télévision d'Etat, les jeunes du Club de Bonne Humeur, et tous les Haïtiens, avaient désespérément besoin d'un art qui puisse les convaincre qu'ils ne mourraient pas de la même façon que Numa et Drouin. Ils avaient besoin d'être persuadés que des mots pourraient encore être prononcés, des histoires être dites et transmises. Alors, comme mon père le racontait, ces jeunes gens, dans leurs toges taillées dans des draps blancs, jouèrent la pièce de Camus – doucement, doucement – chez eux, et murmurèrent discrètement, discrètement, des phrases comme :

> « L'exécution soulage et délivre. Elle est universelle, fortifiante et juste dans ses applications comme dans ses intentions. On meurt parce qu'on est coupable. On est coupable parce qu'on est sujet de Caligula. Or, tout le monde est sujet de Caligula. Donc, tout le monde est coupable. D'où il ressort que tout le monde meurt. C'est une question de temps et de patience. »

La légende de ces mises en scène secrètes, de cette pièce et d'autres, des lectures littéraires clandestines, était si forte que des années après la mort de Papa Doc Duvalier, chaque fois qu'un crime politique était perpétré à Bel Air, un des jeunes aspirants intellectuels, dans le quartier où j'ai passé les douze premières années de ma vie, déclarait qu'on devrait en faire une pièce. Et parce que l'oncle qui m'élevait, alors que mes parents vivaient à New York, était pasteur à Bel Air et avait une église et une école assez vastes, parfois certaines de ces pièces étaient lues et jouées, discrètement, discrètement, dans l'arrière-cour de son église.

C'était le genre de légende qui se répétait partout dans le pays, sous différentes formes. Des clubs de lecture ou de théâtre s'emparaient en douce de livres ou de pièces potentiellement subversifs, des familles enterraient, quand elles ne les brûlaient pas, des bibliothèques entières, des livres qui pouvaient paraître inoffensifs mais risquaient de les trahir. Des romans avec de faux titres. Des traités aux contenus et aux titres exacts. Des kyrielles de mots qui, prononcés, écrits ou lus, pouvaient entraîner la mort d'un individu. Quelquefois, ces mots étaient écrits par des écrivains haïtiens comme Marie Vieux-Chauvet et René Depestre, parmi d'autres. Parfois par des étrangers ou *blans*, des écrivains tels Aimé Césaire, Frantz Fanon, ou Albert Camus, qui étaient intouchables parce qu'ils n'étaient pas haïtiens, ou morts depuis longtemps, ce qui évitait le bannissement. Sauf s'ils avaient déjà été bannis d'Haïti, comme par exemple Graham Greene pour avoir écrit *Les Comédiens*. Cela rendait du coup les écrivains « classiques » très attractifs. Ils ne pouvaient être ni torturés ni assassinés, ni, à la différence des citoyens haïtiens, exposer des membres de leurs familles à la torture et à l'assassinat. Malgré tout le mal qu'il se donna, Papa Doc Duvalier ne put jamais effacer leurs mots. Leurs maximes, leurs phrases revenaient sans cesse, incrustées dans les mémoires, apprises par cœur à l'école. Parce que les écrivains haïtiens, ceux qui n'étaient pas encore exilés ou tués, ne pouvaient s'exprimer librement, ou se faire publier, beaucoup d'entre eux se tournèrent, ou retournèrent, vers les classiques grecs.

Alors que c'était un crime de ramasser dans la rue un corps couvert de sang, des écrivains haïtiens firent découvrir à leurs lecteurs *Œdipe Roi* et *Antigone* de Sophocle, réécrits en créole et situés dans un contexte haïtien par l'auteur dramatique Franck Fouché et le poète Felix Morrisseau Leroy. Ils s'y risquèrent, dans un exercice d'équilibre périlleux entre le silence et l'art.

Comment écrivains et lecteurs peuvent-ils se rencontrer dans ces circonstances ? Lire, comme écrire, est dangereux dans de telles conditions, c'est désobéir à une directive. Le lecteur, notre Eve, est averti des conséquences éventuelles s'il mange cette pomme, ou se risque à y mordre.

Comment ce lecteur trouve-t-il le courage d'y goûter, d'ouvrir ce livre-là après une arrestation ou une exécution ? Bien sûr, il ou elle peut le puiser dans la force des voix étouffées des autres lecteurs, mais également dans la témérité de l'auteur qui, le premier, a osé s'avancer, osé écrire ou réécrire.

Créer dangereusement, pour ceux qui lisent dangereusement. Voilà ce qu'a toujours signifié pour moi être écrivain. Ecrire, c'est savoir que, même si vos mots peuvent paraître ordinaires, un jour, quelque part, quelqu'un peut risquer sa vie en les lisant. Venant d'où je viens, avec l'histoire que j'ai – ayant vécu mes douze premières années sous les dictatures de Papa Doc et de son fils Jean-Claude – j'y ai toujours vu un principe commun à tous les écrivains. C'est ce qui, entre autres choses, peut unir Albert Camus et Sophocle à Toni Morrison, Alice Walker, Ossip Mandelstam, et Ralph Waldo Emerson à Ralph Waldo Ellison. Quelque part, aujourd'hui ou dans un futur qu'il nous reste à imaginer peut-être, quelqu'un peut risquer sa vie en nous lisant. Ou nous pouvons aussi sauver une vie, parce qu'ils nous auront donné un passeport, faisant de nous les citoyens honoraires de leur culture.

C'est pourquoi dans *Le Briseur de rosée*, un livre à propos d'un *choukèt lawoze*, un tortionnaire de l'époque Duvalier, situé peu après l'exécution de Numa et de Drouin, j'ai utilisé en exergue l'extrait d'un poème d'Ossip Mandelstam, à qui on doit le célèbre « La poésie n'est respectée qu'en Russie… elle tue les gens » :

> « Ceci est peut-être le commencement de la folie…
> Pardonne-moi pour ce que je dis.
> Lis-le… discrètement, discrètement. »

On peut interpréter de multiples façons ce que signifie créer dangereusement, et Albert Camus, comme Ossip Mandelstam, suggère que c'est créer en révolte contre le silence, quand à la fois le créateur et le spectateur, l'écrivain et le lecteur, se mettent en danger, désobéissent à une directive.

Il y a, dans ma propre histoire, une chose que j'ai toujours voulu mieux comprendre : le peu de contact de ma famille avec les plaisirs et les dangers de la lecture. Je me suis posé la question car, excepté mon cousin Maxo qui était beaucoup plus âgé que moi, il n'y avait pas, à ma connaissance, de lecteurs fanatiques dans notre cercle familial, ni qui risquerait sa vie pour un livre. Peut-être qu'à une époque où sans raison, pour un rien, on pouvait être abattu, assassiné en public, ne pas lire ou écrire était devenu un mode de survie. Cependant, des histoires de jeunes filles et de jeunes gens qui adoraient Euripide et Voltaire, George Sand et Colette, et Jacques Stephen Alexis, écrivain et médecin haïtien qui, en avril 1961, trois ans avant que Numa et Drouin soient exécutés, tomba dans une embuscade et fut assassiné en revenant au pays afin d'aider, dit-on, à renverser la dictature de Duvalier, continuent de m'intriguer et de me passionner.

A ma connaissance, aucun membre de ma famille n'a assisté à l'exécution de Numa et de Drouin. Et pourtant, ils ne peuvent s'empêcher, à l'occasion, de l'évoquer.

« C'était une époque tragique », dit maintenant ma mère.

« Cela a bouleversé toute une génération », disait mon oncle pasteur.

C'étaient des patriotes et ils se sont fait tuer pour que nous puissions vivre, voilà une phrase que j'emprunte à mon père. C'est lui qui, alors qu'il était mourant au début de l'année 2005, me parla des livres interdits et des pièces. C'est seulement quand il mentionna les toges et les César, et un auteur dont le nom sonnait comme *camion*, que j'y vis, au milieu d'autres textes possibles, le *Caligula* de Camus. Mais je me trompe peut-être en imaginant des connexions qui ne seraient pas.

Le seul livre que mes parents et mon oncle lurent plus d'une fois était la Bible. J'avais toujours eu peur qu'ils lisent les miens, peur de les décevoir. Mes histoires n'étaient pas à la hauteur de ceux qui avaient vécu sous la dictature presque toute leur vie d'adulte, qui avaient vu leurs voisins disparaître sans pouvoir en témoigner et été forcés d'agir comme s'ils n'avaient jamais existé. Lire, et peut-être même écrire, n'est pas comme vivre dans un lieu, dans un temps, où la mort tragique de deux jeunes gens est traitée comme un divertissement.

Mourir est beau, déclare l'hymne national haïtien. Mais écrire ne pourrait jamais atteindre cette sorte de beauté. Ou est-ce possible ? Ecrire n'est pas comme mourir dans, pour, et peut-être avec, votre pays.

Quand j'ai été reconnue comme « auteur », en Haïti, un pays où on associe vos échecs et vos succès à votre lignée, on m'a souvent demandé s'il y avait des écrivains dans ma famille. S'il y en a eu, je n'en sais rien. Mais ce qui m'a toujours hantée et obsédée, c'est que j'ai essayé d'écrire des choses qui ont toujours hanté et obsédé ceux qui m'ont précédée.

Bel Air, aujourd'hui zone misérable ravagée par le tremblement de terre, qui surplombe la rade de Port-au-Prince, n'était qu'un quartier pauvre quand j'y ai grandi. Mais un quartier qui, avec ses étudiants engagés, avait aussi ses intellectuels. Frankétienne, le brillant romancier, poète, dramaturge, peintre, a grandi à Bel Air, tout comme, plus jeune que lui, le romancier et poète Louis Philippe Dalembert qui, plus tard, est parti vivre à Paris, puis à Rome. Il y a eu aussi Edner Day, un Macoute bien connu, qui essaya de courtiser une de mes jeunes cousines, de courtiser les jeunes cousines de tout le monde, d'ailleurs. Il passait pour un intellectuel parce qu'on le voyait parfois l'après-midi installé sur son balcon à lire. Mais une rumeur disait qu'il était aussi un assassin, peut-être l'un de ceux qui avaient tiré sur Numa et Drouin.

Camus écrit : « Tout artiste aujourd'hui est embarqué dans la galère de son temps. Nous sommes en pleine mer. L'artiste, comme les autres, doit ramer à son tour, sans mourir, s'il le peut, c'est-à-dire en continuant de vivre et de créer. » De multiples façons, Numa et Drouin avaient partagé la destinée de beaucoup d'artistes haïtiens, particulièrement celle du médecin romancier Jacques Stephen Alexis, qui écrivait une prose si belle que la première fois où j'ai lu sa description d'un pain qui sortait du four, j'ai approché le livre de mon nez pour en respirer l'odeur. Peut-être n'y a-t-il pas eu d'écrivains dans ma famille parce qu'ils étaient trop occupés à essayer de trouver du pain. Peut-être n'y a-t-il pas eu d'écrivains dans ma famille parce qu'ils n'avaient pas eu le droit, ou les moyens, de fréquenter l'école décrépite du village. Peut-être n'y a-t-il pas eu d'artistes dans ma famille parce que les directives brutales d'une dictature, ou une catastrophe naturelle après l'autre, les avaient fait taire. Peut-être, comme l'écrit Alice Walker dans la préface à son essai *In Search of Our Mothers' Gardens*, mes ancêtres de sang – à la différence de mes ancêtres en littérature – furent-ils tellement maltraités par les éléments, terrorisés, mutilés, qu'ils se trouvèrent réduits au silence. Il s'ensuivit que ceux qui réussirent malgré tout à créer devinrent, à mes yeux, des martyrs et des saints.

« Au lieu d'être perçus comme des hommes ordinaires, écrit Alice Walker, leurs corps devinrent des reliques ; ce que l'on considérait comme leur esprit devint des temples, des lieux de culte. Des "Saints" chimériques, au regard fixé vers le monde, sauvage, comme celui des fous – ou éteint, comme celui des suicidés ; et le "Dieu" qui était dans ce regard restait aussi muet qu'une grande pierre. »

Bien sûr, je me trompe peut-être complètement. Le Frankétienne de Bel Air, comme d'autres, a réussi d'une certaine manière à rester humain et vivant en Haïti, avant, durant et après la dictature de Duvalier, à produire une œuvre originale importante. Embarqués dans la galère métaphorique de leur temps, ramer sans mourir, la majorité des Haïtiens l'ont toujours fait, génération après génération. Cette résilience, cette volonté de survie, qu'ils ont héritées, ont inspiré aussi Jacques Stephen Alexis, Marcel Numa, Louis Drouin et tant d'autres qui y ont laissé la vie. Leur mort a été certainement parmi les événements les plus choquants et a poussé beaucoup, comme mes parents par exemple, à partir. C'est peut-être une des raisons pour lesquelles je vis aujourd'hui aux Etats-Unis, et écris dans une langue qui n'est pas la mienne. Et suis sans doute aussi une immigrante et, j'espère, une artiste, une artiste immigrante à l'œuvre. Encore que dans cette ère de mondialisation, il soit difficile de parler d'artiste immigrant, alors que l'Algérie et Haïti et même l'ancienne Grèce et l'Egypte se trouvent à portée de main virtuelle. Et même sans la mondialisation, l'écrivain est lié au lecteur, et quelles que soient les circonstances, diaboliques, ou parfois réjouissantes, il se transforme inévitablement en citoyen loyal du pays de ses lecteurs.

Mon ami, le romancier haïtien Dany Laferrière, alors journaliste dans la presse écrite, obligé durant la dictature Duvalier de s'exiler au Canada, a publié un roman intitulé *Je suis un écrivain japonais*. Dans ce livre, l'écrivain de fiction, qui se présente comme étant Dany Laferrière, explique sa décision de se qualifier d'écrivain japonais par la formule de Roland Barthes selon laquelle « l'unité d'un texte n'est pas dans son origine mais dans sa destination ».

« Je suis étonné, écrit le Laferrière fictif, de constater l'attention qu'on accorde à l'origine de l'écrivain. (...). Je rapatriais, sans y prendre garde, tous les écrivains que je lisais à l'époque. Tous. Flaubert, Goethe, Whitman, Shakespeare, Lope de Vega, Cervantès, Kipling, Senghor, Césaire, Roumain, Amado, Diderot, tous vivaient dans le même village que moi. Sinon que faisaient-ils dans ma chambre ? Quand, des années plus tard, je suis devenu moi-même écrivain et qu'on me fit la question : "Etes-vous un écrivain haïtien, caribéen ou francophone ?" je répondis que je prenais la nationalité de mon lecteur. Ce qui veut dire que quand un Japonais me lit, je deviens immédiatement un écrivain japonais. »

Existe-t-il un lecteur immigrant ? se demande-t-il.

Je me demande parfois si dans l'union intime, à la fois solitaire et solidaire, entre les écrivains et les lecteurs une frontière peut exister. Y a-t-il une frontière entre le désir d'Antigone d'enterrer son frère et la mère haïtienne, en 1964, qui veut désespérément prendre le corps de son fils abandonné dans la rue pour lui donner une sépulture décente, alors qu'elle sait qu'elle risque aussi la mort ? Peut-être qu'après ces exécutions, lorsque les jeunes gens lurent *Caligula*, Albert Camus devint un écrivain haïtien. Lorsqu'ils lurent *Œdipe Roi* et *Antigone*, Sophocle aussi devint un écrivain haïtien.

« Nous devons, par la lecture, écrivait Ralph Waldo Emerson dans un essai sur l'histoire, devenir grecs, romains, turcs, prêtre et roi, martyr et bourreau ; et rapprocher ces figures de la réalité de notre expérience personnelle ou nous n'apprendrons rien correctement. »

Le nomade ou l'immigrant qui apprend quelque chose correctement doit toujours s'interroger sur le voyage et le mouvement, comme le désespéré doit s'interroger sur la mort. Ainsi le fait l'artiste qui appartient à une culture qui cherche autant à régir la vie – la vie joyeuse, radieuse, résiliente – qu'à échapper à la mort. Dans la mesure où il avait adopté l'habit et la personnalité – costume noir et chapeau, voix nasale et lunettes – de Baron Samedi, l'esprit vaudou gardien du cimetière, François Duvalier aurait dû savoir, mieux que quiconque, qu'en Haïti les gens ne meurent jamais réellement. C'est après tout un pays où l'on dit des héros qui brûlent sur un bûcher qu'ils s'envolent en un million de lucioles, où l'on conseille aux veuves et aux veufs de porter leurs chemises de nuit et leurs pyjamas à l'envers et des sous-vêtements rouges pour éloigner de leurs lits leurs conjoints décédés. Et où l'on recommande aux mères endeuillées de porter des soutiens-gorge rouges pour empêcher leurs enfants morts de venir téter leurs seins. Comme les anciens Egyptiens, nous les Haïtiens, si un désastre catastrophique ne nous en empêche pas, nous proférons des incantations pour que nos morts parviennent aisément dans l'autre monde, tout en cherchant à les retenir près de nous en leur dressant des mausolées sophistiqués dans nos arrière-cours. Ailleurs, dans le froid, sans lucioles ni sous-vêtements rouges ou mausolées dans l'arrière-cour, l'immigrante artiste, ou l'artiste immigrante, ne peut que s'interroger sur les morts qui l'ont amenée ici et celles qui l'y maintiennent. De les inventorier, la faim, les exécutions, les cataclysmes dévastateurs au pays, le chagrin de l'exil qui paralyse, et au milieu de ces morts, toutes les autres, ordinaires, quotidiennes.

L'artiste immigrant considère la mort comme dans le Macondo de Gabriel García Márquez, au début de *Cent ans de solitude*.

« Nous n'avons pas encore eu un mort, dit le colonel de Márquez. On n'est de nulle part tant qu'on n'a pas un mort dessous la terre. » Et la réponse de la femme du colonel pourrait bien être celle que feraient les parents, gardiens ou partisans de l'artiste immigrant : « S'il faut que je meure pour que vous demeuriez ici, je mourrai. »

L'artiste immigrant, comme l'a souligné Toni Morrison dans son discours du Nobel, sait ce qu'est vivre dans les marges de villes qui ne supportent pas votre présence, des hameaux qui ont besoin de votre travail mais ne veulent pas de vos enfants dans leurs écoles, des villages qui n'acceptent pas vos malades dans leurs hôpitaux, des grandes villes qui exigent que vos aînés, après une vie de dur labeur, déménagent et aillent mourir ailleurs.

Si je dois mourir pour que vous puissiez tous rester ici, dit la femme du colonel, alors je mourrai. Comme elle, l'artiste immigrant doit calculer le prix du rêve américain en chair et en sang. Et cela tout en vivant avec les peurs « ordinaires » de tout artiste. Est-ce que je sais vraiment d'où je viens ? Est-ce que je saurai jamais vraiment où je suis ? Et si quelqu'un a dû mourir pour que je puisse rester ici, est-ce que j'appartiendrai vraiment à cet « ici » un jour ?

Albert Camus a écrit que celui qui crée ne fait rien d'autre qu'un lent périple pour redécouvrir, par les détours de l'art, les deux ou trois images en présence desquelles son cœur s'est ouvert la première fois. Au cours des ans, j'ai essayé d'explorer mes deux ou trois images dans ces essais modestes. Dans chacun d'eux, cependant, se trouvent plusieurs villes, un pays, deux républiques indépendantes situées dans le même hémisphère, mais, de toute évidence, avec des destins et des objectifs totalement différents.

L'artiste immigrant partage avec tous les autres artistes le désir d'interpréter et si possible de refaire son propre monde. Mais, même si nous ne créons pas aussi dangereusement que nos parents – même si nous ne risquons pas la torture, les coups, l'exécution, même si l'exil ne nous enferme pas dans un silence perpétuel –, alors que nous travaillons, quelque part des corps jonchent les rues. Des gens sont enterrés sous des décombres. Des fosses communes sont creusées. Des survivants végètent dans des villages de fortune ou des camps de réfugiés, essayant de se protéger de la pluie, fermant les yeux, bouchant leurs oreilles au bruit que font les hélicoptères militaires de l'« aide humanitaire ». Et cependant, beaucoup se mettent à lire, et à écrire, discrètement, discrètement.

Alors que j'étais « au travail » à 16 h 53, le 12 janvier 2010, le sol tremblait et tuait plus de deux cent mille personnes dans un séisme de magnitude 7.0 en Haïti. Et avant même la première réplique, on m'appelait pour me demander : « Edwidge, que vas-tu faire ? Quand reviens-tu ? Pourrais-tu nous dire ce que tu ressens ?

Pourrais-tu nous écrire un texte, de cinq feuillets ou moins ? »

Peut-être est-ce la raison pour laquelle l'artiste immigrant a le besoin de sentir qu'il, ou qu'elle, crée dangereusement, même si ce n'est pas en écrivant sur les murs d'une cellule ou en comptant les jours jusqu'au rendez-vous fatal avec un bourreau. Ou un ouragan. Ou un tremblement de terre.

Douter de soi est probablement une des étapes de l'acclimatation à une nouvelle culture. Une phase incontournable pour la plupart des artistes. En tant qu'artistes immigrants, pour qui tant de choses avaient été sacrifiées, tant de rêves repoussés, nous doutions déjà beaucoup. N'aurait-il pas été plus simple, plus prudent, plus utile, d'être médecin, avocat, ingénieur, ce dont rêvaient nos parents ? Lorsque nos mondes s'effondrent littéralement, nous nous disons qu'ils avaient raison, nos aînés, à propos de nos carrières passives de témoins à distance.

Pour qui nous prenons-nous ?

Nous pensons que nous sommes des êtres qui ont failli ne pas exister du tout. Des êtres dont la mère, le père, ont été tués, par le gouvernement ou par la nature, parfois avant même que nous soyons nés. Certains d'entre nous disent que nous sommes des accidents de l'alphabétisation.

Je le crois.

Nous pensons que nous aurions pu ne jamais aller à l'école, ne jamais apprendre à lire et à écrire. Que nous sommes les enfants de ceux qui ont vécu dans l'ombre trop longtemps. Nous pensons même parfois que nous sommes comme les anciens Egyptiens, à qui les dieux de la mort demandaient de prouver leur mérite et leur déférence avant de leur accorder l'entrée dans l'autre monde. Peut-être sommes-nous aussi un peu comme les anciens Egyptiens en matière d'art, et leurs textes gravés sur les pyramides et les tombeaux, leurs peintures et leurs hiéroglyphes.

On disait parfois du sculpteur de l'ancienne Egypte qu'il était « celui qui garde les choses vivantes ». Avant que des motifs soient dessinés et des amulettes sculptées pour les tombes des anciens Egyptiens, les riches faisaient enterrer leurs esclaves avec eux pour leur tenir compagnie dans l'autre vie. Les artistes qui innovèrent dans l'art funéraire, un art qui remplacerait les corps des sacrifiés, avaient peut-être voulu sauver des vies. Devant la destruction extérieure aussi bien qu'intérieure, nous essayons encore de créer aussi dangereusement qu'eux, comme si chaque objet d'art était un substitut pour une vie, une âme, un futur. Comme les anciens sculpteurs égyptiens l'avaient peut-être suspecté, et comme Marcel Numa et Louis Drouin devaient en avoir été convaincus, nous n'avons pas d'autre choix.

CHAPITRE 2

Marcher droit

Je ne crois pas pouvoir aller jusqu'au bout. Cela fait quatre heures que nous marchons et je ressens soudain une forte douleur au côté. Nick, le fils aîné de mon cousin Maxo, est à une dizaine de mètres devant moi. Il grimpe d'un pas régulier derrière mon Oncle Joseph qui, monté sur le dos d'une mule qu'on lui a prêtée, s'accroche à la côte raide. On nous a dit que la mule reconnaîtrait le chemin pour l'avoir parcouru un certain nombre de fois, mais moi je ne l'ai pas fait depuis longtemps, pas depuis mes huit ans.

Solide, trapu et beau gosse, Nick s'arrête et prend une cigarette mentholée « Comme il faut » dans la poche de sa chemise. Tout en l'allumant, il vient vers moi pour voir où j'en suis, alors que, pliée en deux, je me tiens la taille d'où se diffuse la douleur, de l'abdomen jusqu'aux cuisses. Il pose une main sur mon épaule.

« Fatiguée ? » demande-t-il.

J'ai envie de lui dire que je suis plus que fatiguée, mais je garde mes forces pour contenir la douleur.

« Je crois que je vais mourir, ai-je finalement réussi à dire.

— Non, tu n'es pas en train de mourir, répond-il en se moquant, avant de tirer une autre bouffée de sa cigarette. J'étais comme toi la première fois où je suis revenu ici. C'est parce que tu n'as pas marché depuis longtemps. Tu vas te sentir mieux dans une minute. »

Nous nous asseyons sur une pierre plate pour nous reposer, abrités sous un petit amandier du brûlant soleil de midi, face à une chaîne de montagnes crayeuses. Comme Nick l'a prédit, ma douleur s'apaise tandis qu'il finit de fumer sa cigarette. Nous regardons mon oncle et sa mule descendre lentement une piste creusée dans la roche vers notre village ancestral, Beauséjour, où mes arrière-grands-parents paternels sont enterrés et où ma Tante Ilyana, soixante-quinze ans, vit toujours.

C'est l'été 1999, et je suis venue revoir ces montagnes d'où est partie notre famille vers différentes sortes de migrations. Je suis venue reconnaître le chemin que nous avons parcouru en moins de deux générations. Du petit hameau de Beauséjour, situé à l'est de Léogâne, à Miami et à New York, de la vallée aux gratte-ciel. Je suis venue voir une tante que je n'ai rencontrée qu'une fois dans ma vie, à l'âge de huit ans, parce qu'elle a toujours refusé de descendre de la montagne.

Après la pause, je retrouve mes jambes de montagnarde et reprends la route. Nick et moi nous racontons des petits bouts d'histoires à propos de mes arrière-grands-parents – ses arrière-arrière-grands-parents –, au plus loin de notre mémoire familiale, des vagues récits que nous tenons des membres les plus âgés de la famille. Comme Tante Ilyana, mes arrière-grands-parents paternels ont toujours vécu à Beauséjour, sans jamais aller plus loin que Dabonne, le premier grand marché au pied de la montagne. Quand ils se marièrent, ils possédaient une terre d'environ cinq hectares et trente cochons. Des douze enfants à qui mon arrière-grand-mère donna naissance, quatre seulement parvinrent à l'âge adulte. Mes arrière-grands-parents vécurent sans électricité, sans téléphone, sans médecin ni morgue. Quand leurs petits mouraient, ils les enterraient le jour même ou le lendemain, car il n'y avait justement pas de morgue.

Alors que nous traversons une arche de pierre qui forme comme un pont incliné sur le flanc de la montagne, Nick et moi regrettons de ne rien savoir de nos aïeux, qui les différencieraient de tous ceux qui avaient vécu dans cette région montagneuse.

Enfants, nous étions venus ici, avec mon frère Bob, pour passer une semaine chez Tante Ilyana, qui est la dernière proche parente à vivre encore à Beauséjour. Tous les autres, y compris mes grands-parents, sont partis, certains pour la capitale haïtienne, et les autres dispersés dans le monde. Je ne me souviens pas avoir jamais eu une telle difficulté à grimper. Je me souviens avoir sauté par-dessus ce qui me semblait être des taupinières, comparées à ces escarpements qui n'en finissent pas. Je me souviens avoir ramassé du pissenlit dans les jardins de gens qui avaient connu nos père et grands-pères quand ils avaient notre âge, des gens qui nous appelaient par les noms de nos tantes et de nos oncles, des gens dont il n'y a plus aucune trace aujourd'hui. Je me souviens avoir cueilli des brassées de vétiver et de citronnelle, les écrasant dans mes paumes pour en respirer le parfum. Je ne me souviens pas de ces dômes de roche nue. Je ne me souviens pas de la maison de Tante Ilyana paraissant aussi isolée vue d'en haut. Je ne me souviens pas de mollets douloureux, de souffrance à chaque pas.

Quand je dis cela à Nick, il commente : « C'est peut-être parce que tu étais plus légère, tu étais une petite fille. »

Nous avons rejoint Oncle Joseph qui s'est arrêté sur la piste qui descend vers la maison de Tante Ilyana pour prendre du repos. Il offre sa mule à Nick, qui échappe de justesse à une ruade au bas-ventre quand il tente de monter sur l'animal.

« C'est pourquoi je n'ai jamais voulu me retrouver sur une de ces bêtes, dis-je.

— C'est parce que tu n'as jamais été vraiment fatiguée », me répond Oncle Joseph qui, à soixante-seize ans, vient à Beauséjour depuis la capitale environ deux fois par an, pour rendre visite à Tante Ilyana et s'occuper d'une petite école qu'il a créée ici.

Oncle Joseph me montre, en contrebas, l'école avec son unique salle de classe. Elle paraît petite et de guingois, pas très différente du petit cimetière derrière, avec sa mosaïque de tombes de marbre semble-t-il, où mes arrière-grands-parents sont enterrés.

Nous arrivons à la maison de Tante Ilyana vers le milieu de l'après-midi. Une maison modeste en pierre meulière avec un toit en tôle, composée de deux pièces. Elle se tient entre un ruisseau et un bouquet de bananiers, et n'a pas beaucoup changé depuis l'époque où Nick, Bob et moi étions venus enfants, excepté le fait que le toit a dû être remplacé un certain nombre de fois à cause de la rouille et des ouragans. Tante Ilyana vit seule à présent, mais son ex-mari, qui n'habite pas très loin, lui rend souvent visite ainsi que son fils aîné, mon cousin Renel, qui est dentiste à Port-au-Prince. Contrairement à mon père, à ses frères et sœurs, et à Renel, qui, l'un après l'autre, sont allés vivre en ville, Tante Ilyana est restée avec sa fille Jeanne, morte l'année dernière à l'âge de trente-huit ans d'une maladie infectieuse qu'on ne nomme pas et que lui aurait transmise son mari. A la mort de Jeanne, Tante Ilyana a fait construire pour son aînée, et seule fille, un magnifique mausolée turquoise à trois niveaux, près de la maison. Dans le mausolée de Jeanne, une place est réservée à Tante Ilyana, afin que la mère et la fille soient à nouveau unies dans la mort comme elles l'avaient été dans la vie.

Tante Ilyana n'est pas chez elle quand nous arrivons. Les fils de Jeanne, deux adolescents venus de la capitale pour l'été, nous donnent de l'eau et une grande natte en sisal pour qu'on puisse se reposer. En attendant son retour, nous nous écroulons dessus dans un coin frais de la galerie bordée d'une balustrade en bois au bout de laquelle ils sont en train de verser dans un broyeur des grains de maïs séché, qui se transforment en une farine d'un jaune vif. Ils sont cernés par la douzaine de magnifiques poules et coqs de Tante Ilyana, qui manifestent bruyamment chaque fois que des poignées de grains leur tombent sur la tête.

Tante Ilyana arrive environ une heure plus tard. Elle paraît bien plus jeune que ses soixante-quinze ans. Son teint est d'un acajou uniforme, son corps ferme, mince, presque musclé. Elle porte une robe vert foncé et un turban noir. Elle accueille Oncle Joseph et Cousin Nick d'un baiser, mais ne m'ayant pas vue depuis plus de vingt-deux ans, elle ne me reconnaît pas. Elle énumère les noms de mes cousines, en essayant de deviner qui je suis. Finalement, Oncle Joseph dit : « C'est la fille de Mira, Edwidge.

— Ah, Edwidge. » Tante Ilyana saisit mon visage de ses mains grandes et fermes. « La fille de Mira. »

Tante Ilyana et Oncle Joseph échangent des nouvelles de la famille tandis que Nick et moi allons rejoindre les jeunes garçons près du broyeur. De temps à autre, Tante Ilyana m'interpelle à propos de mes parents et de mes trois frères à New York. Est-ce que mon père a perdu ses cheveux ? Est-ce que ma mère a pris du poids depuis les dernières photos de la famille que mon oncle lui a montrées ? Est-ce qu'un de mes frères s'est marié ?

Je lui tends quelques photos que j'ai apportées pour elle, de mon père avec son front qui se dégarnit, de ma mère bien en chair, et de mes trois frères, dont deux ont eu des enfants cette année. Après cet échange de nouvelles familiales, il n'y a plus qu'une chose à faire, manger.

C'est la saison du maïs dans la vallée où est située la maison de Tante Ilyana. Aussi, pendant les trois jours qui ont suivi, nous en avons mangé beaucoup. Nous grillons des épis sur des braises de charbon de bois dans la petite cabane qui sert de cuisine près du ruisseau. Nous en faisons bouillir, enveloppés de feuilles de bananier, dans un récipient en aluminium qui semble ne pas avoir de fond. Nous mangeons les épis plus petits, du maïs sucré, tout crus. D'une récolte précédente, nous avons des galettes de maïs, *mayi moulen*, pour le petit déjeuner et de la purée de farine de maïs sucré, *labouyi*, pour le souper.

Les choses s'organisent rapidement. Tandis qu'Oncle Joseph et Nick, qui s'installent à proximité, dans la maison de la directrice de l'école, consacrent leur temps à rencontrer des parents d'élèves et des maîtres, je reste avec Tante Ilyana.

Ce soir-là, autour d'un bol de *labouyi*, Oncle Joseph essaie de la convaincre d'aller, vu son âge, à Port-au-Prince pour être plus près de lui et de sa famille.

« Tu es une vieille femme, lui dit-il. Je ne le souhaite pas, mais s'il t'arrive quelque chose, tu ne seras pas en mesure de trouver un bon docteur. Ici, les gens meurent d'une maladie banale. Quand Jeanne est morte, nous avons eu du mal à arriver à temps pour son enterrement. Et si tu meurs, ce que je ne souhaite pas, c'est tellement long pour parvenir ici que nous ne pourrons pas te voir une dernière fois. Il y a peu de chance que tes frères à New York, Edwidge et les autres puissent te dire adieu. Tu sais toi-même qu'un cadavre ici ne tient pas plus d'un jour ou deux. »

Le monologue d'Oncle Joseph est interrompu par deux coups de feu qui résonnent au loin. Tante Ilyana explique que c'est le chef du village, le *chef seksyon*, la seule autorité légale du secteur, qui signale qu'il rentre chez lui après une journée d'absence, pour le cas où quelqu'un aurait besoin de le voir.

« Tu crois qu'en ville la vie est plus facile pour une vieille femme ? demande Tante Ilyana. Ici je peux m'occuper de la terre et de la tombe de Jeanne, et même si tu ne me vois pas à temps à ma mort, nous nous verrons *après*. »

A la différence d'Oncle Joseph, Tante Ilyana n'est pas particulièrement religieuse. De temps à autre, elle fait venir un *pè savann*, un prédicateur laïque de la montagne, au cimetière pour dire une messe sur les tombes de ses grands-parents, mais seulement parce qu'elle pense qu'ils ont travaillé très dur toute leur vie et qu'ils prendraient cela comme une marque de respect. Aucune messe n'est cependant dite pour Jeanne, baptiste comme mon oncle.

Jetant un regard sur le mausolée de Jeanne qui brille au clair de lune, je demande à Tante Ilyana pourquoi elle n'a pas fait enterrer Jeanne dans le cimetière aux côtés de ses grands-parents, mes arrière-grands-parents, qui, comme elle et Jeanne, avaient choisi de rester à Beauséjour.

« Ce cimetière appartient à beaucoup, dit-elle. Ici, c'est juste à moi et à elle. Quand je serai partie, les gens vont reprendre ce qui reste des terres de la famille. Ils voudraient déjà le faire parce que je suis la dernière à demeurer ici, mais ce que j'ai fait construire pour Jeanne et moi est massif et lourd, alors peut-être qu'ils nous laisseront tranquilles. »

Les gens dont Tante Ilyana parle sont ses quelques voisins, amis et ennemis, qui, croit-elle, parce qu'elle a beaucoup de parents en ville et à l'étranger, pensent qu'elle n'a pas besoin de cette terre pour vivre.

Changeant de sujet, Tante Ilyana se tourne vers moi et dit : « J'ai oublié de te demander. Comment va l'autre fille de Mira, celle qui est venue une fois ici quand elle était petite ? J'ai entendu dire qu'elle est *jounalis*. Quel est son nom déjà, Edwidge ? »

J'ai senti une nuance de fierté dans sa voix, la fierté que cette personne, dont elle a pour le moment oublié que c'est moi, avait passé quelque temps avec elle. Le *jounalis*, ou journaliste, est en Haïti la forme la plus courante de l'écrivain. Un mélange d'utilité – vous offrez un service aux autres en leur fournissant des informations – et de notoriété en fait parfois une profession respectable. Surtout pour quelqu'un comme Tante Ilyana qui, parce qu'elle était l'aînée, devait s'occuper de la maison et des travaux des champs, n'avait jamais été envoyée à l'école par ses parents et ne savait donc ni lire ni écrire. Bien que je ne sois pas journaliste, je sais que c'est sa façon de me qualifier d'écrivain. Je suis ravie, émue. Les différents éléments épars de ma vie se rejoignent à ce moment-là. Je suis la nièce et la *jounalis*, l'écrivain de la famille aux yeux de ma tante qui vieillit et qui n'a jamais lu un mot ou une phrase, qui n'a jamais rencontré et ne rencontrera jamais un autre écrivain.

Mon oncle, cependant, lève les sourcils comme si cette allusion de Tante Ilyana aux journalistes était un signe de sa sénilité croissante. Nick cache un sourire derrière sa main et me regarde pour voir comment je vais m'en sortir.

Je dis simplement et fièrement : « Tante Ilyana, je suis Edwidge. Celle qui est venue ici, c'est moi. »

Elle ne semble pas convaincue, alors je cherche dans ma mémoire une preuve évidente de ma première visite. Tante Ilyana et son mari étaient encore ensemble à l'époque, même s'ils dormaient dans des lits séparés, de chaque côté de la chambre, tandis que mon frère Bob, Nick, Jeanne et moi dormions sur la grande natte de Jeanne étalée sur le sol. Jeanne était une jeune femme timide mais travailleuse. Elle et Tante Ilyana passaient la plupart de leur temps ensemble en été. Elles se levaient à l'aube et allaient chercher de l'eau au ruisseau, préparaient le café pour la maisonnée et celui qui passait par là, arrosaient la cour et donnaient des coups de balai de sisal qui faisaient comme une musique, un bruissement confus. Je traînais dans la cour toute la journée, jouant à cache-cache, à la marelle, sautant à la corde avec les fillettes du coin tandis que Nick, mon frère Bob et le mari de Tante Ilyana allaient travailler aux champs. Deux fois par jour, Tante Ilyana, Jeanne et moi, descendions nous baigner dans l'eau claire du ruisseau, qui était terriblement froide le matin et tiède en fin d'après-midi. Je n'avais pas le droit d'accomplir d'autre tâche qu'écosser les petits pois et égrener les épis de maïs qu'on venait de couper parce que j'étais une fille de la ville et les autres travaux étaient considérés comme trop pénibles pour moi.

Plus tard dans la soirée, après m'avoir assigné le lit jumeau où son mari dormait autrefois, Tante Ilyana est allée vers le mausolée souhaiter bonne nuit à sa fille. « Nous avons de la visite, dit-elle à Jeanne, le visage en partie éclairé par la lune. La fille de Mira, Edwidge, la journaliste, elle est revenue nous voir. »

Le lendemain matin, j'aide Tante Ilyana à faire du café dans la cabane qui sert de cuisine près du ruisseau. Je tiens une poche pleine de café moulu, accrochée à une armature ronde bricolée à partir d'un cintre, tandis qu'elle verse dessus de l'eau très chaude. Oncle Joseph, Nick et moi planifions notre journée autour d'un café et de cassaves avec Tante Ilyana et ses petits-enfants. Nick et Oncle Joseph s'apprêtent à rencontrer un maçon qu'ils ont embauché pour construire une autre salle dans l'école dont Oncle Joseph a financé la construction. Ils doivent voir plusieurs instituteurs, ainsi que la directrice pour organiser le tout. C'est une femme d'une trentaine d'années, avec trois enfants qu'elle élève seule parce que son mari est parti il y a quelques années en République dominicaine et n'en est jamais revenu.

L'école est la dernière passion d'Oncle Joseph, la dernière chose qu'il tient à réaliser, dit-il, avant de mourir. Il s'est employé avec zèle à trouver de l'argent auprès des membres de la famille et des amis pour la construire afin que les enfants de Beauséjour puissent apprendre à lire et à écrire.

Nous allons en groupe à l'école, une grande salle ouverte avec un sol en terre battue et un toit en tôle. Tante Ilyana observe attentivement, le regard curieux, alors qu'Oncle Joseph donne des instructions spéciales à la directrice et au maçon. La directrice demande un tableau pour chacun des quatre murs de la nouvelle salle de classe afin que les enfants suivent les cours de leur niveau. Elle demande aussi au maçon un toit qui ne fuit pas. Elle ne veut pas devoir interrompre les classes et renvoyer les enfants à la maison chaque fois qu'il pleut. Tante Ilyana, qui a souvent préparé les déjeuners des enfants depuis que l'école a ouvert, se porte à nouveau volontaire.

« Je continuerai à le faire », dit-elle, presque pour elle-même.

Je m'avance vers elle et lui frotte les épaules, pensant, en lui prêtant peut-être des raisons qu'elle n'a pas, que c'est sa façon d'être sûre que d'autres enfants auront l'éducation qui lui a manqué.

Après l'école, nous allons vers le cimetière où mes arrière-grands-parents sont enterrés. Sur les tombes au marbre fêlé, au milieu des hautes herbes, des noms et des dates, certains bien gravés et d'autres plus superficiellement, se sont estompés. Il n'y a pas la date de naissance de mon arrière-grand-mère Mirazine, à qui mon père doit son prénom, Miracin, et son diminutif, Mira. Il est possible que sa naissance n'ait jamais été enregistrée officiellement. Mon arrière-grand-mère est morte en 1919, durant l'occupation américaine d'Haïti qui a duré de 1915 à 1934. Mon arrière-grand-père, Osnac, est mort plus tard, nous dit Tante Ilyana, mais l'année est depuis longtemps effacée de sa tombe et de la mémoire de Tante Ilyana.

J'annonce qu'à ma mort, je veux être enterrée à Beauséjour.

« Qui trouveras-tu pour t'emmener si loin ? demande Tante Ilyana. New York-Port-au-Prince, puis deux jours de marche pénible dans les montagnes, ça fait beaucoup de transport. »

Je l'assure que mon transport serait moins pénible si j'étais incinérée et mes cendres éparpillées depuis le sommet d'une des montagnes.

« Il y a déjà assez de poussière comme ça en Haïti, dit-elle, très pragmatique. Tu dois te faire enterrer là où tu meurs. »

Là où je mourrai ne sera probablement pas ici, à moins que la descente de la montagne ne se révèle aussi fatale que la montée.

« Ça suffit, dit Tante Ilyana. On parle trop de mort. »

Je suis retournée un certain nombre de fois sur la tombe de mes arrière-grands-parents, souvent toute seule. L'année précédente, mon premier roman, *Le Cri de l'oiseau rouge*, avait été choisi par Oprah Winfrey pour sa célèbre émission et généreusement présenté à des milliers de lecteurs, ce que je n'aurais jamais osé espérer. Le roman tente de raconter l'histoire de trois générations de femmes haïtiennes. Ifé Caco, la grand-mère, perd son mari qui travaillait dans les champs de canne à sucre. Martine Caco, sa fille aînée, a été violée adolescente par un Tonton Macoute, une sale brute dont elle n'a jamais vu le visage. Atie Caco, la sœur de Martine, cache un amour secret pour une autre femme. Sophie Caco, la petite-fille et narratrice, est l'enfant née du viol de Martine. Toutes ces femmes ont partagé une expérience traumatisante : elles ont eu une mère qui vérifiait si sa fille était encore vierge en mettant ses doigts dans son vagin.

Ce test de virginité, dans le livre, a eu l'effet d'une bombe dans certains cercles haïtiens aux Etats-Unis. « Vous êtes une menteuse, m'avait écrit une femme. Vous nous déshonorez, en faisant de nous des obsédés sexuels et des inadaptés mentaux. »

« Pourquoi lui a-t-on appris à lire et à écrire ? », demanda un homme lors d'un gala américano-haïtien de collecte de fonds à New York, où je devais recevoir un prix pour ce livre. « Ce n'est pas nous. Ces choses qu'elle écrit, ce n'est pas nous. »

Mal vus par les médias comme nous l'étions à l'époque, des réfugiés de désastres à répétition, des boat people, des porteurs de sida, beaucoup d'entre nous étaient devenus très susceptibles et avaient tendance à censurer celui qui ne donnait pas d'Haïti et des Haïtiens une « image positive ».

La lettre de la lectrice était cependant exacte. Je mentais dans ce premier livre, comme dans toutes les fictions que j'ai écrites depuis. Mais le mot *fiction* ou *roman* sur la jaquette du livre ne l'implique-t-il pas ? N'est-ce pas la chose la plus élémentaire, quand on raconte l'histoire d'un personnage singulier fictif, même s'il est décrit comme un homme ou une femme ordinaire, qu'il soit le plus exceptionnel des personnages fictifs du roman ? Et comment un individu – moi ou qui que ce soit d'autre – peut-il savoir la façon dont neuf ou dix millions d'individus se comportent, ou se comporteraient ? De plus, je ne disais pas que toutes les familles faisaient le « test » à toutes les jeunes filles haïtiennes, mais je connaissais beaucoup de femmes et de filles qui avaient été ainsi « testées ».

« Vous êtes un parasite, vous exploitez votre culture pour de l'argent et pour essayer de vous faire un nom », est la seconde critique que j'entends le plus souvent dans la communauté.

Tourmentée par mon propre sentiment de culpabilité, j'ai souvent répondu sans grande conviction qu'en écrivant ce que j'écris, je n'exploite personne d'autre que moi-même. Par ailleurs, quelle alternative y a-t-il pour moi, ou pour qui que ce soit, qui n'offenserait personne ? L'autocensure ? Le silence ?

Lors d'une de mes visites sur la tombe de mes arrière-grands-parents, j'avais avec moi un livre d'essais intitulé *Afterwords: Novelists on Their Novels*, plusieurs écrivains qui commentent leurs romans publiés. Assise près de la tombe, j'ai alors écrit cette lettre au personnage principal de mon premier roman, Sophie. Et comme l'artiste immigrante doit parfois s'excuser d'exposer le linge sale – ou de sembler le faire – ma lettre à Sophie a été plus tard publiée en postface dans les rééditions du livre, comme un addenda au texte.

Chère Sophie,

Je t'écris cette lettre assise près de la tombe de mon arrière-grand-mère, une tombe surélevée dans les hautes montagnes de Léogâne, qui domine une majestueuse chaîne couleur de chaux. En équilibre comme je le suis, loin de la *terra firma* et près des nuages, je sens que c'est le seul endroit au monde auquel j'appartiens vraiment. Je voulais que ce lieu soit ta maison aussi, c'est celui que j'avais en tête quand Tante Atie se tenait près de toi au milieu d'un cimetière et te disait : « Marche droit, tu es en présence de la famille. »

Je pense avoir toujours senti, en écrivant sur toi, que j'étais en présence d'une famille, une famille pleine de gentillesse mais aussi de rudesse, une famille pleine d'amour et aussi de souffrance, une famille profondément ancrée dans le passé et qui lutte face à un futur incertain. Que j'avais de la chance de l'avoir rencontrée, cette famille, les Caco, nommée d'après un oiseau dont les ailes ressemblent à des flammes. J'ai été heureuse de partager tes secrets, les secrets de ta mère, de ta tante, de ta grand-mère, ces mystères profondément enfouis en toi, en elles, comme le vétiver dont les racines s'enfoncent dans le sol de ces mornes.

Je t'écris ceci aujourd'hui, Sophie, parce que tes secrets, comme toi, comme moi, ont voyagé bien au-delà de ce lieu. Tes expériences dans la nuit, les obsessions de ta grand-mère, les « tests » de ta mère ont pris plus de sens et on attend de ton corps qu'il prenne plus de place que ta peau ne contient. On te demande, m'a-t-on dit, de représenter toutes les jeunes filles, toutes les femmes de ce pays que toi et moi aimons tant. Fatiguée de protester, je sens que je dois expliquer. Bien sûr, toutes les mères haïtiennes ne sont pas comme la tienne. Toutes les filles haïtiennes ne sont pas « testées » comme tu l'as été.

Il m'a toujours semblé évident que cette histoire, qui est à toi, et à toi seule, serait toujours lue ainsi. Mais certaines voix qui me parviennent, qui te parviennent, dans ces mornes, renvoient un autre son, un autre sens que ceux que j'espérais. Et donc, je t'écris, Sophie, et je l'écris pour moi, en priant que la singularité de ton expérience ait le droit d'exister, avec tes propres particularités, tes contradictions, ta propre voix. Et je t'écris ce billet pour te remercier de ce voyage aux vertus thérapeutiques – du passé au présent – que toi et moi avons effectué ensemble, en espérant à chaque pas qu'enfin nos vivants et nos morts reposeront en paix.

Que ces mots mettent des ailes à tes pieds,
Edwidge Danticat
Eté 1999

Les deux derniers jours à Beauséjour se sont passés comme la plupart des retrouvailles, avec la crainte que la reprise de contact avec quelqu'un qu'on aime soit émoussée par la routine quotidienne. Oncle Joseph et Nick étaient accaparés par les menus détails concernant l'école tandis que Tante Ilyana et moi bavardions de moins en moins, pour éviter, je suppose, de parler de séparation. Il y en a déjà tant eu dans notre famille, des départs et des retours incessants. On ne peut cependant réprouver ou éviter ces exils et ces migrations, parce que nous leur devons tous les progrès que nous avons pu faire. Renel, le fils de Tante Ilyana, par exemple, a dû passer presque toute sa vie loin d'elle pour devenir dentiste, tandis que sa fille Jeanne, qui était restée, est morte après une longue et douloureuse maladie, prouvant à Tante Ilyana que certaines séparations sont inévitables. C'est la raison pour laquelle les enfants de Jeanne vivent maintenant dans la capitale chez les parents de leur père et ne viennent à Beauséjour que l'été.

La nuit précédant notre départ, allongée sur le dos dans le lit où son mari dormait autrefois, j'entends Tante

Ilyana papoter dans son sommeil. Plongée dans un rêve, elle se met à rire et fait des promesses. « Ecoute, dit-elle. Reviens vite. Je t'enverrai du café. »

Dans le noir, je me dis qu'elle peut ainsi nous parler à distance, à tous, à mon père, à ses parents, à ses frères et à leurs enfants. Et tandis que je me fais cette remarque, Tante Ilyana se réveille d'un nouveau rêve, elle chuchote depuis l'autre côté de la pièce : « Edwidge, est-ce que tu dors ? »

Je dis : « Non, je ne dors pas. Mais ce n'est pas ta faute. »

Ce sont les montagnes peut-être, c'est si tranquille la nuit ici qu'on entend tout, le murmure du vent dans les arbres, le gazouillis du ruisseau, les pas d'un voyageur ou des animaux errants. Et je tends l'oreille à tout, car je sais que cela ne durera pas. J'écoute avec tant d'attention que parfois cela devient assourdissant.

Le matin suivant, alors que nous nous préparons à partir, Tante Ilyana me présente un sac de trois livres de café en grains destiné à mon père à Brooklyn.

« Quand il goûtera à ce café, dit-elle, cela le ramènera à la maison. »

Je m'émerveille de la magie de ce café dont Tante Ilyana est si certaine. Et si une telle chose existait, un élixir contre les souvenirs qui s'enfuient, une panacée pour évoquer des lieux qu'on a perdus, et qui nous ramène immédiatement chez soi ? Je remercie Tante Ilyana au nom de mon père en lui racontant une histoire, une chose que je savais sur lui et qu'elle ne connaissait pas. Je lui parle d'une fois où je suis allée avec lui chez un herboriste chinois à New York qui le traitait pour un psoriasis, et de l'herboriste qui déclare à mon père qu'il faut qu'il s'arrête de boire du café, sans quoi il ne guérira jamais. Et mon père lui rétorque : « Docteur, il doit y avoir un autre moyen », parce qu'il n'abandonnera jamais le café. Comme si elle se retrouvait à une croisée inattendue, mon histoire trouble Tante Ilyana qui pense qu'elle ne devrait peut-être pas envoyer ce café à mon père si cela favorise son psoriasis. Je dois la convaincre de me le remettre, et finalement elle me le donne.

A cinq heures, le lendemain matin, Oncle Joseph, Nick et moi nous apprêtons à redescendre la montagne. Notre plan est de nous retrouver à mi-chemin vers onze heures, avant que le soleil soit trop haut et qu'il fasse trop chaud pour marcher sans risquer le malaise. Nous nous arrêterons un moment pour déjeuner dans la maison d'un ami de mon oncle avant de reprendre la route, ce qui nous amènera à Port-au-Prince vers sept ou huit heures du soir.

Le voyage à l'aller nous avait pris deux jours, mais Nick et Oncle Joseph m'ont assurée que la descente est plus rapide et que l'on ne s'arrête pas pour la nuit. Et puis, avec la pesanteur, on va plus vite en descendant qu'en grimpant, surtout avec un paquet de café de trois livres dans le sac à dos.

Ma façon de dire au revoir est toujours la même. Je prétends que plus tard dans la journée, ou le jour suivant, ou le surlendemain, je reverrai la personne à qui je fais mes adieux. C'est ainsi que j'arrive à supporter les séparations, les grandes et les petites, sans être submergée par la tristesse. La manière de Tante Ilyana est plus abrupte et plus formelle, peut-être plus saine. On s'embrasse sur les joues alors qu'elle me fait la liste de nos parents à New York à qui je dois transmettre ses salutations. Avec les enfants de Jeanne, elle nous a accompagnés sur un bon kilomètre. Puis ils se sont arrêtés et nous avons continué.

Au retour, la descente est, comme l'avaient annoncé mon cousin et mon oncle, beaucoup plus facile. Plutôt que de marcher en droite ligne, je zigzague sur les sentiers difficiles, dessinant d'invisibles Z partout où je passe, ce qui est, d'après mon oncle, la façon dont les paysans grimpent et descendent ces montagnes avec une aisance relative. C'est pourquoi ils ne paraissent pas aussi fatigués et accablés que je le suis à mon arrivée à Darbonne quand je m'installe avec soulagement sur la plateforme arrière du camion de mon cousin. Cela, et l'habitude, a précisé mon oncle. « Si tu fais ça souvent, tu t'y habitueras aussi. »

Durant le trajet vers la capitale, je me mets à m'inquiéter pour Tante Ilyana et rêve d'apporter à sa vie des fantaisies d'un extrême confort qui manquent même à la mienne. Je l'imagine posséder son propre hélicoptère pour faire ses courses au marché. Je détourne le cours du ruisseau pour lui installer un jacuzzi. Je la vois en vacances, découvrant la Statue de la Liberté, Disney World, l'Empire State Building, la tour Eiffel. Par rapport à la moyenne, elle a très peu vu du monde, mais peut-être le sien va-t-il au-delà de tous ces lieux. Je me dis qu'au moins elle vit avec simplicité, ce que j'ai essayé, à différentes occasions, de faire moi-même de façon discutable, comme ne pas acheter trop de vêtements ou trop de meubles. Mais dans le même temps, la vie de Tante Ilyana n'est pas simple pour autant. Sa mission est de représenter physiquement notre héritage familial, de conserver une très petite maison dans le village ancestral, de faire survivre un monde ancien auquel nous pourrions revenir, si nous le voulions, et retrouver les racines, même lointaines et vagues, de ce que nous sommes.

Quand j'apprends, un an plus tard, la mort de Tante Ilyana, je suis chez mes parents en train de m'occuper de mon neveu Ezekiel, âgé de seize mois, qui s'est mis depuis peu à crapahuter. Il n'est pas facile de garder Ezekiel tranquille sur mes genoux pendant des conversations sérieuses, alors qu'il a décidé de profiter le plus possible de sa mobilité récemment découverte : d'un endroit à l'autre, des genoux de mon père aux miens, du canapé du salon aux rideaux des fenêtres et au téléviseur, que, pour sa sécurité, nous avons installé par terre plutôt que sur une table. Ezekiel exerce aussi ses nouvelles capacités vocales en lançant des mots qui n'ont pas de sens et mon père doit crier plus fort pour me dire : « Je viens d'avoir un appel d'Haïti, on m'a appris qu'Ilyana est morte. »

La peine que révèle le visage de mon père est encore assombrie par la pensée du temps que cette nouvelle a mis pour nous parvenir. Il a fallu tout un jour pour que l'annonce de sa mort parvienne à Port-au-Prince avant de nous être téléphonée, ce qui veut dire que les obsèques de Tante Ilyana ont déjà eu lieu.

Ezekiel pousse un grand cri de fierté quand il arrive finalement à allumer tout seul la télévision. Je lui suis reconnaissante de cette diversion et me précipite vers lui, l'arrachant à une découverte pour laquelle il n'est certainement pas prêt.

Ezekiel gigote tandis que j'essaie de le maintenir sur mes genoux et de le calmer un peu. Dans mes efforts pour l'apaiser – chuchotant son nom à l'oreille, lui promettant des bonbons qu'il n'aura pas, lui chantant la chanson de l'alphabet qu'il aime tant – je découvre qu'il nous sort momentanément, mon père et moi, de notre tristesse.

Il n'y a pas grand-chose à dire, ou nous n'avons pas trouvé les mots, alors je me lance dans une confession. Cette révélation semble aussi intéresser le jeune Ezekiel tandis qu'il observe mes lèvres tremblantes.

Je raconte à mon père que le dernier jour de ma visite à Beauséjour, Tante Ilyana m'avait donné trois livres de café pour lui, du café qui a été confisqué comme « transport illégal de produits agricoles » par les douanes de l'aéroport John F. Kennedy à New York. Je ne lui en avais pas parlé plus tôt de crainte qu'il déplore la perte de ce qu'il ne pourrait de toute façon pas récupérer. J'ai envie peut-être d'en dire plus, mais je sais que ces révélations n'aideront pas à atténuer son chagrin, et pour moi pareil. J'aurais dû rester plus longtemps à Beauséjour, parler plus longuement avec Tante Ilyana. J'aurais dû prétendre être la journaliste qu'elle croyait que j'étais, lui poser davantage de questions sur la famille, sur elle. Je n'aurais pas dû considérer cette visite comme une routine, comme mon oncle et mon cousin, qui vivaient alors en Haïti. Après tout, elle était vieille et habitait loin. Mais il aurait peut-être été aussi douloureux de s'appesantir sur ces regrets dans les montagnes qu'aujourd'hui ici.

« Tu aurais dû me parler du café », a dit mon père en se rapprochant de moi et sauvant Ezekiel de mon étreinte crispée. « C'est maintenant que nous avons vraiment besoin de ce café. »

C'est sûr, l'élixir magique de Tante Ilyana nous aurait aidés à nous souvenir et à oublier.

Après avoir réussi à maintenir Ezekiel tranquille pendant un moment, mon père l'a reposé sur le sol. Ezekiel s'est immédiatement précipité vers la télé, dont il a à nouveau tourné le bouton avec joie. Il est debout devant et regarde craintif l'écran et les visages à sa hauteur, puis se précipite pour les toucher. Il semble malheureux de découvrir que ces gens sont plats et ne peuvent lui répondre. Il recule alors, revient à mon père, lui étreint le genou et enfouit son visage dans la jambe de son pantalon.

Alors que mon père caresse la tête du jeune Ezekiel, le consolant de sa petite frustration, je me rends compte que ma façon de dire au revoir, du moins à Tante Ilyana, ne sera plus jamais la même. Je ne pourrai plus jamais prétendre que plus tard dans la journée, ou le lendemain, ou même l'année prochaine, je la reverrai ou l'entendrai m'appeler à nouveau *jounalis*.

CHAPITRE 3

Je ne suis pas un journaliste

J'ai commencé à écrire cet essai le lundi 3 avril 2000, le jour où l'un des journalistes les plus connus d'Haïti, l'éditorialiste de radio Jean Dominique, fut assassiné. Ce matin-là, dès mon réveil, je reçus une série de coups de téléphone alarmants, le premier à propos d'une rumeur qui courait : Jean aurait été abattu à six heures trente alors qu'il arrivait à sa station, Radio Haïti Inter, pour son journal parlé et les émissions qu'il présentait avec sa femme, Michèle Montas. Mes autres correspondants m'informèrent que Jean avait reçu sept balles, à la tête, au cou et à la poitrine. Le dernier appel me confirma sa mort.

Je passai les heures suivantes dans une sorte de brouillard à faire mes cours à l'Université de Miami où j'enseignais, ce printemps-là, en tant que professeur associé. Quand je retournai à mon bureau l'après-midi, je reçus encore des appels et des courriels de parents, d'amis et de relations qui ne voulaient pas croire à ce qui s'était passé. Dans ces conversations réelles et virtuelles, la formule qui revenait le plus souvent était « Pas Jean Do ! ».

Au cours du temps et des événements, beaucoup d'entre nous avaient connu Jean Dominique – en tant que voix à la radio haïtienne ou personnellement – et nous en étions venus à le considérer comme un héros invincible. Après tout, il avait survécu à la dictature, tandis que son frère aîné Philippe fut assassiné lors d'une tentative de renversement de François Duvalier en donnant l'assaut aux casernes militaires face au Palais national.

Contrairement à son frère, et malgré plusieurs arrestations et les exils qui s'ensuivaient, Jean vécut et survécut pour toujours revenir en Haïti, ouvrir et rouvrir sa station de radio, dont il était le propriétaire et directeur – ce qui lui donnait une sorte d'autonomie dont disposaient peu de journalistes dans un climat politique aussi périlleux. Jean exprimait ses opinions librement, apparemment sans peur, critiquant autant les groupes que les individus, l'ensemble des organisations et des institutions qui se montraient inhumaines, sans éthique ou simplement injustes. Bien sûr, la vie de Jean avait de multiples aspects et était trop complexe pour qu'on puisse la saisir et lui donner tout son sens si peu d'heures après sa mort. Ce qui semblait indéniablement s'imposer, et qu'on ne pouvait oublier, était sa passion exceptionnelle pour Haïti, une passion qui entraîna sa perte.

Je ne pouvais, submergée par l'assaut brutal des souvenirs, situer le moment exact de ma rencontre avec Jean Dominique. Enfant en Haïti, j'avais souvent entendu sa voix à la radio, à plein volume, chez nous ou chez les voisins. Adulte à New York, je l'avais vu à tant de manifestations haïtiennes qu'il m'est impossible de préciser quand s'est produit le contact personnel. Je me souviens cependant de la fois où nous avons eu notre première longue conversation. C'était en 1994 à une exposition au Ramapo College. L'exposition, organisée par notre ami commun, le cinéaste Jonathan Demme, présentait trois jeunes artistes haïtiens. Le soir de l'inauguration, Jean se trouvait à nouveau en exil après le coup des colonels, formés par les Américains, qui avaient, à la tête de l'armée haïtienne, destitué le président Jean-Bertrand Aristide et détruit la station de radio de Jean. Le soir de l'exposition, Jean et moi avions discuté longuement des peintures exposées, de leurs couleurs si saisissantes, et de la nostalgie qu'elles faisaient naître en lui, sa soif de retourner chez lui et à sa radio le plus tôt possible.

Quelques semaines plus tard, Jonathan Demme nous demanda, à Jean et à moi, de travailler avec lui à un projet sur l'histoire du cinéma haïtien. Toutes les semaines, on se réunirait tous les trois au campus de Ramapo College pour discuter du cinéma haïtien pendant que des étudiants en communication filmeraient ces rencontres. Je n'intervins pas souvent pendant ces sessions, intimidée de me retrouver ainsi entre ces deux cinéphiles acharnés. Mon boulot était de trouver les copies des films qui allaient être commentés. Jean devait nous aider à les comprendre, en les réintégrant dans leur contexte tandis que Jonathan l'interrogeait sur la technique, le contenu et le style.

Durant la dictature, au début des années soixante, le jeune Jean avait créé un Ciné Club hébergé une fois par semaine par l'Alliance française à Port-au-Prince. Il projetait des films comme *La Strada* de Federico Fellini, qui montre, entre autres, une jeune artiste de cirque pratiquement réduite en esclavage.

« Si vous voyez un bon film correctement, disait Jean, la grammaire de ce film devient un acte politique. Chaque fois que vous voyez *La Strada* de Fellini, même s'il n'y est pas question de fascisme, ou de persécution politique, vous ne pouvez que réagir devant un tableau aussi sombre. »

Un autre de ses favoris était le documentaire d'Alain Resnais, *Nuit et Brouillard*, qui décrit les horreurs des camps de concentration. « Pour nous, Auschwitz était Fort Dimanche », disait-il, en se référant à Duvalier et à ses prisons moyenâgeuses où des milliers d'Haïtiens furent torturés et tués.

En 1964, l'année de l'exécution de Marcel Numa et de Louis Drouin, le Ciné Club fut fermé par les militaires haïtiens après une projection de *Nuit et Brouillard* à l'Alliance française. Jean se tourna alors brièvement vers le cinéma, comme coréalisateur et commentateur d'un court documentaire humoristique, *Mais je suis belle*, sur un concours de beauté haïtien. C'était, dit-on, un des premiers films fait par des Haïtiens en Haïti.

Trouver des copies de films haïtiens pour nos rencontres sur l'Histoire du cinéma haïtien à Ramapo se révéla être une tâche presque impossible car nombre des réalisateurs, Jean compris, avaient perdu trace de leurs propres copies au cours de leur vie nomade d'exilés. A nos propres sessions vidéo cependant, chaque fois qu'on mentionnait un titre de film, Jean ne se contentait pas de le raconter avec force détails, il en donnait aussi sur sa distribution et le climat politique de l'époque. Le film *Anita*, par exemple, réalisé par le contemporain de Jean, Rassoul Labuchin, racontait l'histoire d'une jeune servante violée par un membre de la famille citadine à qui elle avait été confiée par ses parents paysans.

Selon Labuchin, au temps du Ciné Club, Jean avait donné des conférences pour les aspirants réalisateurs, les encourageant à considérer le septième art comme essentiel pour la majorité des Haïtiens, particulièrement ceux qui ne savaient pas lire. Les plus récentes études révèlent qu'environ cinquante-six pour cent seulement des Haïtiens ont reçu une instruction. Le chiffre réel est probablement plus bas si l'on considère qu'instruction, par exemple, veut dire être capable de lire tout un livre. On pourrait y voir la raison du succès des arts visuels en Haïti. Les peintres ne doivent pas nécessairement savoir lire et écrire. C'est ce que Jean espérait des réalisateurs de films – créer, comme la radio et la peinture, un domaine qui ne serait pas seulement ouvert et disponible, mais aussi accueillant, pour ceux qui sont coupés de tout moyen d'information, de communication et de divertissement. « Jean nous avait demandé d'écrire des scénarios, dira plus tard Labuchin, qui auraient un sens pour les Haïtiens. »

Durant nos rencontres sur le cinéma haïtien, Jean nous raconta comment lui et Labuchin avaient parcouru l'intérieur du pays en projetant son film, *Anita*, pour dissuader les paysans de confier leurs enfants à des familles plus argentées en ville. Le film, qui commence comme une étude réaliste sur la dureté du *restavèk*, le système du travail des enfants en Haïti, s'achève en une fantaisie musicale au cours de laquelle la jeune servante est consolée par une fée, interprétée par la merveilleuse chanteuse, mi-haïtienne, mi-allemande, Cornelia Shutt plus connue sous le nom de Ti Corn.

Dans la même veine, Jean avait aussi diffusé à la radio la bande-son en créole d'un film tiré d'un roman classique haïtien, *Gouverneurs de la rosée*, écrit par Jacques Roumain, plus tard traduit en anglais par le poète Langston Hughes et l'universitaire Mercer Cook. En Manuel – le héros sophocléen de Roumain –, en sa famille paysanne et ses amis, Jean voyait des prototypes d'Haïtiens pauvres, condamnés à vivre une vie misérable ou obligés de s'exiler, et ne retourner en Haïti que pour constater l'impossibilité d'une réintégration ou même d'y mourir. Jean était extrêmement fier d'avoir diffusé la pièce en créole tirée du roman sur sa propre station de radio parce que, chaque fois qu'il parcourait le pays, les paysans lui disaient combien ils se reconnaissaient et retrouvaient leur vie dans les mots de Roumain.

Gouverneurs de la rosée commence avec Délira Délivrance, la mère de Manuel, une vieille paysanne qui plonge ses mains dans la poussière et déclare : « Nous mourrons tous : les bêtes, les plantes, les chrétiens vivants… ! » Le désespoir de Délira se transforme en espoir quand son fils revient à la maison des champs de canne à sucre de Cuba, « plein d'allégresse, avec l'envie de chanter un salut aux arbres ». « Plantes, ô mes plantes, je vous dis : honneur ; vous me répondrez : respect ! pour que je puisse passer. Vous êtes ma maison, vous êtes mon pays. »

Le désespoir de Délira et l'espoir de Manuel forment un équilibre délicat, qui me revient à l'esprit chaque fois que je retourne en Haïti : la joie de l'exilé et l'angoisse du résident – et ça marche aussi dans l'autre sens, la joie du résident et l'angoisse de l'exilé – qui se heurtent.

Quand il était en exil à New York au début des années quatre-vingt-dix, Jean participait parfois, à la demande pressante d'amis, à des émissions de télé et de radio à propos de l'iniquité du régime militaire en Haïti, qui avait tué près de huit mille individus, dont un homme d'affaires très connu, Antoine Izméry, et le ministre de la Justice d'alors, Guy Malary. Comme Jean avait connu à la fois Izméry et Malary, il accepta, après leur mort, de participer comme invité, au *Charlie Rose Show*, et comme spectateur dans la salle à un enregistrement du *Phil Donahue Show* quand le sujet était sur Haïti. Durant un de ces enregistrements, Jean eut un haut-le-cœur lorsque Phil Donahue découvrit l'épaule mutilée d'Alèrte Bélance, une femme attaquée à la machette par des paramilitaires de la junte, qui lui coupèrent la langue et un bras. Après l'enregistrement de l'émission, Jean, au bord des larmes, dit : « Mon pays a besoin d'espoir. »

Notre projet sur le cinéma haïtien s'acheva à la fin du semestre. Par la suite, Jonathan, Jean et moi nous retrouvions occasionnellement dans le bureau de Jonathan à Nyack, New York, pour discuter.

Un jour, en roulant vers Nyack avec l'assistante de production de Jonathan, Neda, Jean évoqua un mot qu'il avait redécouvert dans un film de Pedro Almodóvar qu'il avait vu la veille : *guapa* ! Tout en tirant sur son éternelle pipe, Jean se donna beaucoup de mal pour nous expliquer que *guapa*, c'était être extrêmement belle et courageuse – courageusement belle, ajouta-t-il. A tour de rôle, Neda et moi avions lancé des noms de femmes que nous connaissions tous les trois, en commençant par Michèle, la femme de Jean.

« Michèle est très…

— *Guapa* ! » s'exclama-t-il avec un bel enthousiasme. Ce fut une de ces nombreuses fois où Jean manifestait avec éclat son amour vibrant pour la vie et sa totale dévotion à sa femme, Michèle.

Le jour de *guapa*, Neda devait rester à Nyack, alors elle me confia la voiture et me demanda de ramener Jean à Manhattan. Je m'abstins de lui dire que même si j'avais mon permis depuis trois ans, je n'avais jamais conduit d'autre voiture que celle de l'auto-école. Quand je l'avouai à Jean, il m'offrit sagement de conduire. On passa des heures à tenter de traverser New York, Rockland County et Palisades, puis le George Washington Bridge, pour se rendre compte finalement qu'on était complètement perdus, tandis que Jean essayait de fumer sa pipe et de suivre en même temps mes instructions hasardeuses.

Quand enfin arrivés à Manhattan tard dans l'après-midi, Jean me passa le volant, il parut inquiet alors que je m'éloignais et ne cessa de m'observer jusqu'à ce que je disparaisse et me mêle à la circulation de Manhattan.

Le président démocratiquement élu, Jean-Bertrand Aristide, fut réinstallé au pouvoir peu de temps après. Je revis Jean et sa femme Michèle chez eux, en Haïti.

« Jean, tu as l'air *guapa* », lui dis-je.

Il rit.

C'était merveilleux de retrouver Jean dans son univers, entouré de ses livres, de ses photos et de ses peintures, sachant qu'il n'avait cessé de rêver de rentrer chez lui à chaque instant de son exil.

Plus tard, pendant le dîner, Jean parla avec tristesse de ceux qui étaient morts pendant et après le coup d'Etat : Antoine Izméry, Guy Malary, et plus tard un prêtre très aimé, le père Jean-Marie Vincent. Devoir ajouter le nom de Jean à ces illustres martyrs me semble encore inimaginable, alors qu'il avait exprimé avec tant de passion son espoir que de tels assassinats ne se reproduiraient plus.

« Il faut que ça s'arrête », je me souviens l'avoir entendu dire. « Il faut que ça s'arrête. »

Le 727 qui m'emmenait, en une heure et demie de vol, de Miami en Haïti la veille des obsèques de Jean ressemblait à un microcosme d'Haïti. Une foule de jeunes étudiants fortunés qui rentraient des campus de la région de Miami pour le week-end et de vendeurs avec des valises pleines de marchandises étrangères, trois hommes expulsés des Etats-Unis, un groupe de vieilles femmes en noir, qui rentraient peut-être aussi pour un enterrement, et à l'avant de l'avion, l'ancien président d'Haïti, Jean-Bertrand Aristide, qui revenait d'une conférence à l'Ecole de droit de l'Université de Miami. D'être tous ensemble, dans cet avion, à écouter les annonces concernant le vol en français, en anglais et en créole, avait quelque chose d'irréel. Je ne pouvais m'empêcher de me souvenir d'une des nombreuses conversations que nous avions eues, alors que nous étions perdus aux Palisades à New York cet après-midi-là.

Je lui enviais la certitude avec laquelle il pouvait – et il le faisait souvent – dire : « Mon pays. » « Mon pays souffre. » « Il est tenu captif par des criminels. Mon pays meurt lentement, de déliquescence. »

« Mon pays, Jean, lui disais-je, est celui de l'incertitude. Quand je dis "mon pays" à des Haïtiens, ils pensent que je parle des Etats-Unis. Quand je dis "mon pays" à des Américains, ils pensent que c'est Haïti. »

Mon pays, que je ressentais à la fois comme immigrante et comme artiste, était ce qu'on dénommait alors le dixième département. Haïti avait neuf départements géographiques, et le dixième était la patrie flottante, l'idéologique, celle de tous les Haïtiens qui habitaient hors d'Haïti, dans la *dyaspora*.

Je voulais, dans cet essai que je commençai à écrire le matin de la mort de Jean, tenter d'expliquer les multiples sens stratifiés du mot créole *dyaspora*. Je voulais emprunter la phrase d'un discours fait par l'écrivain Gérard Alphonse-Férère à l'ambassade d'Haïti à Washington DC, le 27 août 1999, au cours duquel il décrivit diaspora/*dyaspora* comme un « terme employé pour désigner tout peuple dispersé en terre étrangère ». Mais dans le contexte haïtien, il est utilisé « pour identifier les centaines de milliers d'Haïtiens qui vivent dans le monde ». Je voulais dans cet essai rendre compte de mon expérience personnelle en tant qu'immigrante et écrivaine, celle d'être classée dans la *dyaspora* chaque fois que j'exprimais un point de vue politique différent au cours de discussions avec des amis ou la famille vivant en Haïti. Ils savaient qu'ils pouvaient aisément me faire taire en disant : « Qu'est-ce que tu en sais ? Tu vis ailleurs. Tu es une *dyaspora.* » Je voulais rappeler d'autres expériences plus futiles, comme d'être surprise, dans la capitale haïtienne ou à l'intérieur du pays, quand quelqu'un qui voulait attirer mon attention criait « *Dyaspora !* », comme il aurait dit *Miss*, *Ms.*, *Mademoiselle* ou *Madame*. Je voulais rappeler ces conversations, ces débats au restaurant, à des fêtes ou à des réunions publiques où les membres de la *dyaspora* se trouvaient qualifiés – à raison ou pas – d'arrogants, d'égoïstes, d'oppresseurs et de prétentieux, qui voulaient rafler tous les bons boulots et les postes politiques intéressants en période de stabilité alors qu'ils avaient fui le pays et vécu ailleurs dans les temps difficiles. Confuse, je baissais la tête et acceptais ces jugements lorsqu'ils étaient exprimés, me sentant coupable de mon éloignement physique d'un pays quitté à l'âge de douze ans, durant une dictature qui avait forcé des milliers de citoyens haïtiens à choisir entre l'exil et la mort.

Dans cet essai, cependant, je ne peux m'empêcher de penser à la réaction de Jean à mon dilemme sans conséquence, rétrospectivement, sur la *dyaspora* au cours d'une conversation que nous avions eue dans une de ses émissions de radio. Nous devions discuter de l'adaptation en créole que Jonathan avait faite d'une de mes nouvelles haïtiennes, une pièce radiophonique sur un homme qui vole une montgolfière pour quitter Haïti. Traduire – retraduire – cette histoire écrite initialement en anglais avait été une expérience surréelle. Comme si la voix avec laquelle je m'exprimais en traduisant, la voix avec laquelle les gens parlaient le créole qui venait de l'anglais sur le papier, se trouvait libérée et finalement, j'écrivais pour des gens comme ma Tante Ilyana, des gens qui ne lisaient pas, non parce qu'ils n'avaient pas assez de temps ou parce qu'ils possédaient d'autres gadgets pour les distraire, mais parce qu'ils n'avaient jamais appris à lire.

Et me voilà de retour à cet essai, celui où je baisse la tête de honte parce que je suis traitée de *dyaspora* parasite, une étrangère mais toujours pas une *blan*, et je veux le ramener à ce que m'avait dit Jean : « Les *dyaspora* sont des gens qui ont les pieds plantés dans deux mondes. Il n'y a aucune honte à cela. Il y en a plus d'un million comme toi. Tu n'es pas la seule. »

Ayant été exilé lui-même plusieurs fois dans cette *dyaspora* que je lui demandais de m'aider à définir, Jean pouvait témoigner de sa sympathie à tous ceux qui, comme nous, exilés, émigrés, réfugiés, migrants, nomades, immigrants, citoyens naturalisés, mi-génération ou première génération, Américains, Haïtiens, Américains haïtiens, hommes, femmes et enfants, vivent aux Etats-Unis ou ailleurs. La migration en général était quelque chose qu'il comprenait bien, de la campagne – que beaucoup d'Haïtiens appelaient le *peyi andeyò*, le pays du dehors – à la capitale, ou des côtes haïtiennes à d'autres rives.

Les funérailles de Jean eurent lieu au stade de football Sylvio-Cator à Port-au-Prince, où des milliers de gens défilèrent devant son cercueil et celui de Jean Claude Louissaint, un gardien de la radio qui fut abattu dans le parking en même temps que Jean. Des tee-shirts avec le portrait de Jean avaient été distribués et tout le monde ainsi que sa femme, ses filles et ses sœurs, les portèrent pour lui rendre hommage. Des bannières accrochées dans les rues de Port-au-Prince et des graffitis qui couvraient les murs des bâtiments gouvernementaux réclamaient justice. Lors de la cérémonie du stade, Jean reçut à titre posthume une médaille du gouvernement haïtien. Mais son enterrement réel eut lieu une semaine plus tard dans la vallée de l'Artibonite où, jeune homme, il avait travaillé comme agronome. Ses cendres furent dispersées dans le plus grand fleuve d'Haïti, au cœur du grenier à grains du pays, par sa femme Michèle et plusieurs représentants d'organisations paysannes dont il était devenu l'ami.

Dans ses souvenirs, *Mémoire errante*, Jan J. Dominique, romancière et personnalité de la radio, fille de Jean et son homonyme phonétique, écrit que durant cette cérémonie, elle a vu la création d'un mythe lorsque quelqu'un a dit à Michèle : « Vous savez, Madame Jean, il venait souvent nous voir. Il nous suivait, en traversant le fleuve, jusqu'aux plantations de café en haut dans les montagnes. Il dormait avec nous, il partageait notre façon de vivre. Il était encore là, il y a juste un mois. »

« Michèle m'a regardée, note Jan J. J'étais perplexe. Mon père n'avait pas vécu ces dernières années dans cette région. Il n'avait pas quitté Port-au-Prince le mois dernier. Quand il était allé en Artibonite, c'était en tant que journaliste et militant. Il n'avait jamais cultivé ou moissonné dans les champs. Nous n'avons pas cherché à rectifier ce que disait cet homme. Les cendres de mon père n'avaient pas encore été dispersées dans le fleuve qu'il était déjà devenu une légende. »

Je me souviens avoir vu des séquences de la cérémonie, alors que les cendres de Jean recueillies dans une calebasse recouverte d'épis de maïs passaient des mains tremblantes de sa femme à celles de nombreux fermiers de la région avant d'être dispersées dans le lent courant du fleuve. Je me souviens avoir été touchée par l'ampleur que prenait cette poignée de cendres.

Cette séquence fait maintenant partie d'un documentaire que Jonathan Demme réalise sur la vie de Jean. Le documentaire s'appellerait *The Agronomist*, parce qu'au cours d'une de ses nombreuses interviews – Jonathan avait prévu de clore le film sur son retour triomphant d'exil – Jean, souvent qualifié de journaliste le plus célèbre d'Haïti, avait dit à Jonathan : « Ça va te surprendre, mais je ne suis pas un journaliste. Je suis un agronome. »

Jean était mort depuis huit mois, et l'enquête du gouvernement haïtien n'avait abouti à rien, quand je rencontrai en décembre 2000 sa veuve, Michèle Montas, dans un restaurant de Manhattan afin de l'interviewer sur Jean pour le magazine *The Nation*. Michèle était vraiment *guapa*, une belle femme, grande, d'ordinaire très chaleureuse, mais en évoquant la mort de Jean pour la première fois dans le détail, elle me parut aussi triste que le jour de l'enterrement. Pendant le déjeuner, elle toucha à peine à son eau. Quand le serveur vint à notre table, il l'interrogea sur la broche qu'elle avait sur sa veste. Un portrait de Jean. Au-dessus de ses yeux perçants, ses sourcils levés et son front dégagé, étaient inscrits les mots *Jean Dominique vivan*.

« Qui est Jean Dominique ? demanda le serveur à Michèle.

— Mon mari. »

Pendant plus de deux décennies, excepté les deux périodes où ils avaient été forcés à l'exil, ils avaient travaillé ensemble, présentant les bulletins d'information du matin enrichis des commentaires de Jean sur la vie sociale et politique haïtienne. Les amis et les ennemis les écoutaient avec la même attention, pour « renifler l'air et tester l'eau », comme Jean aimait à le dire, « s'approcher du *beton* », évaluer l'humeur de la rue. Michèle aurait dû se trouver là le jour où il fut assassiné.

« On allait au travail généralement ensemble, m'expliqua Michèle, retenant ses larmes. Ce matin-là, Jean est parti dix minutes plus tôt pour voir certains sujets internationaux. Je suis montée dans la voiture et en quittant la maison j'ai entendu les annonces habituelles, puis plus rien. J'ai appelé la station et la personne qui m'a répondu a dit : "Venez vite !" Quand je suis arrivée au parking, la police était là. J'ai vu Jean Claude Louissaint, puis j'ai vu le corps de Jean sur le sol. J'ai crié son nom, mais il n'a pas répondu. J'ai couru pour appeler le docteur, pensant qu'il était possible de faire quelque chose. Je ne pouvais pas admettre qu'il soit mort. »

Même si le président alors en exercice, René Préval, était un ami proche de Jean et de Michèle, huit mois plus tard le meurtre n'était toujours pas élucidé. Dans son allocution à la nation à la fin de son premier mandat de cinq ans, le président Préval admit que la plus grande faiblesse de sa présidence avait été la justice. Citant le cas de Jean, il prévint les parlementaires : « Si nous laissons ce crime impuni, il faut savoir que ceux qui ont assassiné Jean pourront nous tuer également. »

A l'automne, une piste importante tourna court quand un suspect, Jean Wilner Lalanne, fut blessé par balles au moment de son arrestation. Lalanne, trente-deux ans, mourut, selon le rapport, de complications respiratoires et d'un arrêt cardiaque au cours d'une opération qui consistait à lui retirer trois balles des fesses. Puis le corps de Lalanne disparut de la morgue et ne fut jamais retrouvé.

Un mois après la mort de Jean Dominique, le 3 mai 2000, Michèle relança Radio Haïti Inter et commença sa première émission en solo avec son habituelle formule d'accueil à son mari, « Bonjour, Jean ». J'étais dans le studio le matin où la station reprit, avec Jonathan Demme et beaucoup d'autres amis de Jean et de Michèle. Le président Préval était là également. A part filmer et tourner en rond, il n'y avait pas grand-chose que nous puissions faire. Notre présence apportait la pire forme de réconfort. Nous étions tous là, à envahir les bureaux, à nous étreindre les uns les autres, à prendre des notes, à nous sentir au trente-sixième dessous parce que Jean n'était pas là. Dans ce premier éditorial poignant et poétique qui relançait la station, Michèle annonça : « Jean Léopold Dominique, journaliste indépendant, n'est pas mort. Il est avec nous dans nos studios. » Elle dit, ce qu'une broche ne pouvait pas exprimer, que ceux qui avaient tenté avec une telle violence de le réduire au silence n'avaient pas réussi. Comme Prométhée, dit-elle, il avait appris à voler le feu aux dieux.

Son émission fut suivie de trois jours d'anciens programmes de Dominique, allant de la longue interview d'une femme dont l'enfant, comme soixante autres jeunes Haïtiens, était mort pour avoir pris un médicament chinois toxique contre la toux, distribué par un laboratoire pharmaceutique haïtien, à celle d'un leader paysan qui contestait le prix des fertilisants, et aussi des entretiens avec des dramaturges et des cinéastes haïtiens.

Durant les mois qui suivirent l'assassinat de Jean, Michèle devait aussi rendre compte de l'avancée de l'enquête. Même si la loi haïtienne l'obligeait au secret comme partie concernée, elle put la commenter quand les informations étaient de notoriété publique.

« Chaque fois que je sens que l'enquête faiblit, me confia-t-elle pendant le déjeuner, je me dis qu'il faut parler. Je dois en demander la permission au juge, mais s'il se passe quelque chose qu'à mon avis les gens doivent savoir, j'en rends compte. Ce que j'essaie de faire, c'est d'arriver au point de non-retour, où les choses exigent d'être résolues. Plutôt que commenter l'affaire, on en devient acteur. Il y a un moment où on ne peut pas rester en dehors, même si on le veut. »

Durant les huit mois qui suivirent la mort de Jean, Michèle participa à des meetings et à des marches de protestation avec d'autres journalistes, des groupes pour la défense des droits de l'homme et des organisations paysannes, qui demandaient que les assassins de Jean soient retrouvés et poursuivis.

« Il ne sera pas mort pour rien, dit-elle. La mort de Jean a pris une grande importance dans le pays. Le peuple réclame justice, pour Jean, mais aussi pour la sécurité de tous. Il sent que si mon mari a été tué, d'autres pourraient l'être aussi. Nous devons mettre fin à ce climat d'impunité et appliquer la justice sans délai. »

Peut-être mieux que quiconque en Haïti en cette période, Michèle connaissait la difficulté de la tâche. Elle s'inquiétait, alors que le temps passait, que le nom de son mari ne s'ajoute à la longue liste des martyrs presque oubliés, dont certains avaient leurs portraits accrochés dans l'entrée de Radio Haïti Inter.

« Tout ce que je fais, c'est dans le but de garder Jean vivant, dit-elle. C'est très important pour moi. Presque toute mon énergie y passe. »

Qui aurait pu tuer Jean ? lui avais-je demandé.

« Je ne sais pas, répondit-elle. Après tout, je suis une journaliste. Je ne peux pas me fier aux rumeurs. Je cherche à connaître les faits, à trouver les preuves. On ne peut rien régler si on ne découvre pas la vérité. Tout ce que je sais, c'est que tant qu'on ignore qui a commandité ce crime, on est tous en danger. »

Michèle retrouva un peu de courage lorsqu'un officier de police, trouvé en possession d'une voiture identifiée sur la scène de crime, fut arrêté.

« J'ai l'impression que quelque chose bouge, dit-elle. On s'approche. On s'approche de pistes plus évidentes. »

Les pistes n'aboutirent à rien, cependant. Un suspect, un sénateur, refusa de coopérer, arguant de son immunité parlementaire. Les juges chargés de l'enquête quittèrent le pays, craignant pour leur vie. Le jour de Noël 2002, un homme pénétra dans le jardin de Michèle, dans la banlieue de Port-au-Prince, et se mit à tirer, tuant Maxime Séïde, un de ses jeunes gardes du corps. L'assassin était venu tuer Michèle, mais il avait pris peur lors de l'intervention héroïque de Maxime Séïde.

Nous étions venus en Haïti, mon mari et moi, passer Noël avec sa mère dans une petite ville du sud. On écoutait la radio, que ma belle-mère laissait toujours branchée, quand on entendit annoncer que Michèle avait été tuée. On appela des amis pour avoir plus d'informations et ils nous assurèrent que Michèle était bien vivante. Je ne pouvais pas vraiment y croire tant que je ne l'avais pas vue.

Avec mon mari, nous lui avons rendu visite peu de temps après la tentative d'assassinat. Elle était calme mais très triste. Elle avait une fois encore échappé à la mort, mais quelqu'un avait été tué à sa place. Parfois, elle manifestait de la colère, se montrait prête à relever le défi, mais on se rendait bien compte que cette responsabilité qu'elle ressentait vis-à-vis d'elle-même, de sa mère âgée – présente lors de la tentative d'assassinat –, des journalistes et des autres collaborateurs à la radio de plus en plus menacés, lui pesait alors qu'un dernier rapport non concluant sur le meurtre de Jean venait d'être rendu public.

En mars 2003, comme les menaces persistaient, Michèle Montas ferma la station et retourna à New

York. Ce fut son premier exil en solitaire depuis que Jean et elle avaient commencé à vivre ensemble.

« Nous avons eu trois morts en trois ans », dit Michèle à un journaliste américain peu de temps après l'arrêt de Radio Haïti Inter. « Je ne voulais pas assister à un autre enterrement. »

CHAPITRE 4

Les filles de la mémoire

Lorsque j'ai découvert Jan J. Dominique, la romancière haïtienne et fille de Jean Dominique, je pouvais encore lire tout un livre en français sans avoir recours à un dictionnaire. Cinq ans auparavant, à l'âge de douze ans, j'avais quitté Haïti (où je vivais avec mon oncle et ma tante) et rejoint mes parents à Brooklyn, New York. Nouvelle arrivée dans une école où les élèves se sentaient libres de vous appeler sale Haïtienne, Frenchie, ou boat people, j'étais avide des mots qui évoquaient mon pays natal. La façon d'enseigner à New York n'avait rien à voir avec celle d'Haïti dans les classes primaires, où on obligeait les enfants de mon âge à apprendre les textes par cœur. J'avais mémorisé, récité puis rapidement oublié au moins un million de mots sans les avoir jamais appréciés. Je reprochais surtout à ces mots effacés de ma mémoire leur longueur et leur complexité, leur opacité et leur manque de pertinence avec ma réalité tropicale. Nous devions mémoriser, par exemple, des leçons sur les saisons, présentées comme *le printemps, l'été, l'automne et l'hiver* – qui n'avaient aucun rapport avec les nôtres, la saison sèche ou la saison des pluies, ou même celle des ouragans. Au moins nous n'étions pas obligés de réciter le credo colonial français « Nos ancêtres les Gaulois » de nos lèvres africaines, nos yeux noirs écarquillés dans nos visages noirs. Mais d'autres raisons s'ajoutaient à ce gommage, dont l'une, du fait de la dictature et de sa censure implacable, était qu'aucun jeune n'avait eu la possibilité de lire le moindre roman d'un écrivain né en Haïti. Ce que nous avions à l'école, c'était des extraits de certains ouvrages français parmi lesquels *Camille* et *Les Trois Mousquetaires* par Alexandre Dumas père et fils, qui avaient une grand-mère et arrière-grand-mère haïtienne en Marie-Césette Dumas.

D'autres étudiants plus âgés avaient lu aussi les méticuleuses descriptions des classes opprimées d'Emile Zola, très proches de nos réalités dans les quartiers misérables. Ces écrits et les *Fables* de La Fontaine, les *Pensées* de Blaise Pascal et les farces gaillardes de François Rabelais occupèrent l'espace et le temps que l'on aurait pu consacrer à des talents contemporains nationaux. J'entends, en écrivant cela, les cris de protestation d'Haïtiens de mon âge (de plus jeunes et de plus âgés aussi) depuis ce lieu au-dessus de moi, ces gradins qui dominent les écrivains et où s'installent les lecteurs pour encourager, siffler ou huer par avance. Il siffle maintenant, ce chœur, ou du moins une partie, dénonçant cela à la fois comme une contradiction et un mensonge. « J'ai lu des écrivains haïtiens quand j'avais douze ans », disent-ils. Aussi dois-je me retourner vers eux à présent et leur dire : je ne parle que pour moi.

Une de mes jeunes enseignantes à l'école primaire, Mlle Roy, aimait tellement la littérature française qu'elle accompagnait ses constantes citations d'un « *Comme a dit l'auteur* » – Voltaire, Racine, Baudelaire –, des écrivains que nous devions côtoyer, pensait-elle, afin de nous « civiliser ».

Je suivis plus tard des cours de littérature française en fac parce que, je crois, j'avais secrètement vénéré Mlle Roy. Je me souviens de sa peau couleur cacao, de ses ongles manucurés et de son accent parisien forcé, de son léger parfum de vétiver, ses vêtements au pli impeccable, je me souviens de son visage qui ne transpirait jamais, même les jours les plus chauds, alors que dans la brume de chaleur, juchée sur ses talons aiguilles, elle paraissait ne pas toucher terre. Mais si mon angélique professeur de littérature connaissait l'existence d'une littérature nationale, elle ne nous l'avait jamais révélée.

J'ai donc commencé à lire Jan J. Dominique quand j'étais encore capable de parcourir tout un livre en français sans avoir à consulter un dictionnaire. A dix-sept ans, alors que je vivais aux Etats-Unis depuis cinq ans et m'étais lancée dans une quête régulière hebdomadaire de bouquins à l'antenne principale de la Brooklyn Public Library, un samedi après-midi j'eus l'extrême surprise de découvrir deux nouveaux petits rayonnages de *Livres Haïtiens*, la plupart flambant neufs, comme s'ils avaient été choisis et déposés avec un soin particulier sur ces étagères. Trente années de dictature Duvalier venaient de s'achever en Haïti, et peut-être quelques abonnés haïtiens de la bibliothèque parmi les plus actifs avaient-ils réclamé davantage de livres pour les aider à comprendre à distance ce qui se passait dans leur remuant pays.

J'avais emprunté les deux seuls romans qui restaient au milieu des collections de poésie et des essais politiques : de Jan J. Dominique, *Mémoire d'une amnésique*, et l'édition française de *Gouverneurs de la rosée*, de Jacques Roumain. Parce que le livre de Roumain était plus court, je l'avais dévoré en premier et peut-être est-ce grâce à cette lecture passionnée que j'ai cherché à entretenir une conversation silencieuse avec Jacques Roumain. Elle se retrouve dans le titre du livre que j'ai écrit en 2004, *Le Briseur de rosée*, un livre que j'ai voulu ni roman ni recueil de nouvelles, mais quelque chose entre les deux. Je ne suis pas la seule à désirer converser avec Roumain. Pour saluer le centième anniversaire de sa naissance, Jan J. Dominique avait écrit : « Au cours des années, Jacques Roumain a souvent été présent dans ma vie. Pour de multiples raisons, de la littérature à la politique, au vaudou, aux choix linguistiques, pour des considérations personnelles et des activités professionnelles. Roumain a parfois infiltré ma vie quotidienne de journaliste, de professeur et de citoyenne, et plus que tout, j'ai ressenti son absence en prenant conscience que j'étais une orpheline littéraire. »

Dans la mesure où nos histoires sont les enfants bâtards de tout ce que nous avons vécu et lu, j'ai voulu dire les miennes sous forme de collage, mêler mes propres récits à d'autres, écrits ou oraux. Ce désir est né de ma lecture avide de ces deux livres découverts à la section *Livres Haïtiens* de la Brooklyn Public Library ce jour-là, des livres qui n'avaient pu être écrits que par des orphelins littéraires pour d'autres orphelins littéraires.

On choisit souvent un livre pour sa couverture. Quand je pris celui de Jan J. Dominique, *Mémoire d'une amnésique*, c'était bien évidemment parce que j'avais été attirée par son titre paradoxal. Comment une amnésique peut-elle se souvenir ? Peut-être y a-t-il une forme de mémoire particulière aux amnésiques, que seulement les autres amnésiques ou presque amnésiques partagent. J'ai été imprégnée dans mon enfance par l'oralité haïtienne, mais je ne l'avais encore jamais vue transcrite en français, surtout sous une forme aussi élaborée et élégante. Je découvrais une exploration terriblement émouvante de l'enfance, d'une relation complexe père/fille, compliquée encore par un dictateur cruel qui, en plus de son arsenal d'armes matérielles, se saisissait des contes populaires et transformait les vieux mythes en cauchemars vivants. Ainsi la légende des Tonton Macoute, les croquemitaines qui, d'ordinaire, venaient avec leur havresac chercher les enfants désobéissants, avait pris vie sous la forme de tueurs en jeans, de nervis des deux sexes qui assassineraient père et mère si le dictateur le leur ordonnait.

Un journaliste étranger avait un jour demandé à François Duvalier ce qu'il représentait pour les Haïtiens, et Duvalier répondit qu'il était leur père et la Vierge Marie leur mère. Duvalier s'habillait aussi comme le gardien du cimetière, Baron Samedi, et on disait qu'il s'était mêlé à la foule, ainsi vêtu ou en tenue militaire de camouflage, lors de l'exécution publique de Marcel Numa et de Louis Drouin. Ainsi tous les Haïtiens étaient-ils censés devenir comme la future jeune romancière du livre de Jan J., une enfant terrifiée qui ne saura jamais qui elle peut regarder dans les yeux, à qui sourire ou qui même aimer. Car l'amour peut aussi se transformer en quelque chose de laid, quelque chose qui ne peut s'exprimer que par la violence. La gifle, que l'on donne à sa fille qui ne doit pas réagir aux horreurs auxquelles elle assiste, pour la faire taire et la protéger de choses plus graves. La froideur qui dissimule la peur de s'attacher parce qu'on ignore s'il ne faudra pas un jour partir, se cacher, s'exiler. Qui sait quand l'heure viendra de mourir ? Qui sait si l'on se souviendra de nous quand nous ne serons plus là ?

Ce corps à corps avec la mémoire est, je crois, une des nombreuses obsessions complexes des Haïtiens. Nous nous accordons tous, semble-t-il, à nous souvenir de nos triomphes et glissons sur nos échecs. Ainsi, nous parlons de la révolution haïtienne comme si elle venait juste d'avoir lieu, mais nous évoquons rarement l'esclavage qui l'avait déclenchée. Nos peintures montrent des jungles africaines paradisiaques mais jamais le long voyage des esclaves noirs jusqu'à la Caraïbe. Afin de protéger notre psyché collective anéantie par une longue suite d'échecs et de désillusions, notre grand-huit continue de foncer entre les sauveurs et les dictateurs, l'oppression à domicile et la tyrannie étrangère, nous cultivons une amnésie communautaire et historique, répétant à l'infini les cycles que nous ne voyons jamais arriver avant de nous remettre à revivre les mêmes horreurs.

Les étrangers ne fouleront plus jamais la terre haïtienne, déclarèrent en 1804 les pères fondateurs de la république. Cependant, en 1915, les « bottes » américaines, comme les nomme Jan J. dans son roman, débarquèrent pour une occupation qui dura dix-neuf ans. Dès leur arrivée, les Marines US muselèrent la presse, s'emparèrent des banques et des douanes, et installèrent un système de travail obligatoire pour les classes pauvres haïtiennes. A la fin de l'occupation, plus de quinze mille Haïtiens avaient perdu la vie.

« Les Etats-Unis sont en guerre avec Haïti, écrivit W.E.B. DuBois après une mission d'information en Haïti occupée. Le Congrès n'a jamais donné son approbation à cette guerre. Josephus Daniels [le secrétaire d'Etat à la Marine du président Woodrow Wilson] a illégalement et injustement occupé un pays libre et assassiné ses habitants par milliers. Il a destitué son gouvernement et dispersé ses représentants légalement élus. Il y fait régner un climat de terreur, de persécution et de cruauté par des officiers de marine blancs du Sud et des Marines. Subissant depuis plus d'un an cette occupation cruelle et indigne, l'île est aujourd'hui en rébellion ouverte. »

Grandissant dans l'ombre de cette rébellion, le père de la narratrice ne connaîtra jamais une vie libre et souveraine. Ce n'était pas seulement son pays qu'il avait vu envahir, mais aussi son imagination de petit garçon que ses parents menaçaient des Marines américains s'il ne buvait pas son lait.

Notre cerveau a de multiples façons de nous protéger des horreurs présentes et passées. L'une d'entre elles est de nous permettre d'oublier. La crainte constante de l'écrivain est l'oubli. Pour l'écrivain immigrant, loin de chez lui, la mémoire se transforme en abysse encore plus profond. Comme si nous étions forcés de marcher sous les fameux arbres de l'oubli, les *sabliyes*, qui allaient, disait-on à nos ancêtres esclaves, chasser leur passé de leur tête et atténuer leur désir de retourner chez eux. Nous savons que nous devons passer sous l'arbre, mais nous retenons notre respiration et croisons doigts et orteils en espérant que l'oubli n'engourdira pas trop nos esprits.

Mais que se passe-t-il quand nous ne pouvons pas raconter nos propres histoires, quand notre mémoire nous a pour un temps abandonnés ? Ce qui reste, c'est la nostalgie de quelque chose que nous ne sommes même pas sûrs d'avoir eu, mais dont nous savons que nous n'en ferons plus jamais l'expérience.

« J'adore les souvenirs sur papier glacé », déclare la combative narratrice de *Mémoire d'une amnésique*. Les souvenirs, quand ils ne sont pas figés dans le temps, sont insoutenables, et pourtant la narratrice romancière de Jan J. n'a pas d'autre choix que d'écrire en les évoquant, en premier parce que les livres qu'elle aime et voudrait écrire sont interdits et illégaux. Leur simple présence chez elle pourrait entraîner l'arrestation et l'exécution de toute sa famille.

Comment peut-on écrire dans de telles conditions ? demande ce roman, encore et encore. Comment ne pas écrire en code, *andaki*, quand tant de ceux qui nous ont précédés ont perdu la vie parce qu'ils croyaient qu'ils n'avaient rien à craindre ? Comment Jan J. peut-elle écrire après avoir vu son père abattu sur leur lieu de travail ? Le livre qu'elle a commencé à écrire trois ans après sa mort s'appelle *Mémoire errante.*

Dans *Mémoire errante*, Jan J., cette fois-ci en tant que mémorialiste, dit : « Depuis le 3 avril 2000, je n'écris plus. J'avais autrefois beaucoup d'idées. J'ai toujours aimé travailler sur plusieurs textes à la fois, en organisant des récits parallèles. Ainsi une histoire située dans le présent sera pleine de bruit et de fureur tandis que je rêve d'une femme qui appartient au passé sans savoir si les deux pourront éventuellement se rejoindre. Il n'y a pas eu de lien. Il n'y a pas eu de livre. »

Un livre qui a failli ne pas être est *Amour, colère, folie*, la trilogie en un volume que j'ai découverte lors de ma visite suivante à mon refuge de la Brooklyn Public Library. L'auteur en est l'étonnante et courageuse – la *guapa* – Marie Vieux-Chauvet. Née à Port-au-Prince la première année de l'occupation américaine, elle recréera cette période dans *Amour*, le premier volet de sa trilogie capitale. Claire Clamont, personnage principal d'*Amour*, connaît, dans son infortune de vierge de trente-neuf ans, les mêmes frustrations que la *Lady Chatterley* de D.H. Lawrence et la *Madame Bovary* de Flaubert (les deux favorites de Marie Vieux-Chauvet) et confie à son journal : « Il y a la faim du corps et celle de l'âme. Et la faim de l'esprit et la faim des sens. Toutes les souffrances sont égales. »

Mais toutes les souffrances sont-elles égales, demande Marie Vieux-Chauvet, quand ceux qui souffrent ne sont pas considérés comme égaux ? Ceux qui fourrent des patates bouillantes dans la bouche de leurs petits domestiques, que valent-ils par rapport à ceux qui assassinent un journaliste ou violent une voisine ? Ceux qui ont été soumis par la force à l'esclavage peuvent-ils à leur tour asservir d'autres humains ? La souffrance est-elle réellement égale quand on vit dans une société qui n'acceptera jamais de considérer comme égaux des êtres qui souffrent ?

« Nous avons passé notre temps à nous entre-tuer depuis l'indépendance », écrit Marie Vieux-Chauvet du pays dont nous, Haïtiens, rappelons au monde qu'il est la première république noire de l'Occident, produit de l'unique révolte d'esclaves qui ait créé une nation. Ce que nous préférons ne pas dire, et que Vieux-Chauvet ose, c'est que ce même pays n'a jamais réussi à se développer comme il l'aurait dû, à cause d'interférences étrangères, mais aussi pour des raisons de dissensions internes et de cruauté.

X, lettre sous laquelle se cache la ville d'*Amour*, est terrorisée par des sbires locaux à qui un dictateur qu'on ne voit pas a donné le pouvoir de décider en tout temps qui doit vivre ou mourir. La ville souffre aussi d'autres maux dramatiques. Ses mornes et ses montagnes déboisés sont menacés par une érosion inquiétante, tandis que des navires américains quittent régulièrement le port, les cales pleines des bois précieux provenant des arbres abattus. Des enfants meurent de typhoïde et de malaria. Les mendiants boivent l'eau polluée des fossés et sont constamment persécutés par le colonel au pouvoir. Même si ce volet de la trilogie se situe principalement dans les années 1930, il est évident qu'il évoque aussi la période plus récente, 1967, où il a été écrit d'une traite en six mois – alors que le régime de Papa Doc Duvalier devenait de plus en plus sévère et, outre qu'il procédait à des exécutions publiques ou cachées, persécutait les intellectuels et les artistes.

« Elle avait, dans la solitude », écrit Marie Vieux-Chauvet, parlant de Rose Normil dans *Colère*, le deuxième volet de la trilogie, « cultivé, pour se consoler, des mythes d'une naïveté émouvante : une feuille tourbillonnant dans le vent, un papillon selon qu'il était noir ou bariolé de couleurs vives, le hululement de la chouette ou le chant suave du rossignol lui semblaient chargés de signification ».

C'est tout moi, ai-je pensé, de lire cela tandis que j'essaie d'écrire mes premières petites histoires pleines d'un folklore que je me suis créé – un faux-lore – mes jonquilles hybrides et *métisses* de temps chaud, le crépitement des feux de broussaille et les papillons noirs qui annoncent la mort, mes visions d'oiseaux de feu.

C'est dans *Folie*, le troisième volet de la trilogie, que Vieux-Chauvet s'approche au plus près d'*elle-même* et de son dilemme d'écrivain vivant et écrivant dans un régime brutal et autoritaire. Décrivant quatre poètes persécutés logeant dans une cabane, elle fait écho à sa participation aux Araignées du soir, un petit groupe de poètes et de romanciers qui se retrouvaient toutes les semaines chez elle pour discuter de leur travail. Comme de vraies araignées, ils espéraient tisser une toile protectrice autour d'eux et se garder de la peste prédatrice. Mais beaucoup d'entre eux furent emprisonnés ou exilés par la dictature, et Marie Vieux-Chauvet elle-même n'eut d'autre choix que de fuir Haïti en 1968, et de faire suspendre la publication imminente de son livre à Paris, de crainte que des membres de sa famille ne soient arrêtés ou tués.

Selon Rose-Myriam Réjouis, une des deux traductrices en anglais de *Amour, Colère, Folie* (*Love, Anger, Madness*, paru aux Etats-Unis en août 2009), lorsque Marie Vieux-Chauvet apprit que son livre allait être publié, elle donna une fête au cours de laquelle elle lut des extraits de son manuscrit à ses amis et à sa famille. « Ce fut alors, écrit Rose-Myriam Réjouis, que sa famille et ses amis manifestèrent leur inquiétude sur le livre qui pouvait, quelle que fût l'absurdité de la formule de Duvalier pour déterminer qui était un ennemi de l'Etat, mettre en danger la vie de toute sa famille et de celle de son mari. »

Au début Marie Vieux-Chauvet résista, insistant sur le fait que la publication du livre provoquerait une réaction de rejet et jetterait l'opprobre sur le régime, mais de toute évidence, il lui fallut choisir entre le livre et ceux qu'elle aimait.

« J'agis, mais par un curieux effet de dédoublement, reconnaît le poète narrateur de *Folie*, j'entre patiemment là où j'entends crier, là où je suis certain que les diables assassinent. Je m'abrite du danger tout en m'accusant de lâcheté, tout en ayant horreur de mes réactions. J'ai dans la malle quelques poèmes inédits, comme le sont d'ailleurs tous mes poèmes, traitant de l'enfer et des diables. De quoi me faire trouer de balles sans pitié. »

L'exil devint le seul choix possible pour Marie Vieux-Chauvet.

Plus tard, alors qu'elle vivait dans le Queens, à New York, Marie Vieux-Chauvet écrivit *Les Rapaces*, un roman sur un écrivain se colletant avec son travail et un environnement violent après la mort de Papa Doc Duvalier. Grâce au soutien d'un lecteur courageux, le livre de cet écrivain de fiction réussissait à exister, chose dont Marie Vieux-Chauvet a dû rêver pour elle-même quand elle écrivait sur Haïti, en français, aux Etats-Unis, ignorant si elle ou ses livres pourraient jamais revenir au pays, ou même trouver un public aux Etats-Unis.

Le 19 juin 1973, à cinquante-sept ans, Marie Vieux-Chauvet mourut d'une tumeur au cerveau après cinq années d'exil. La dictature Duvalier était passée du père au fils, jugé plus acceptable par le gouvernement américain. Des investisseurs étrangers envahirent Haïti, entraînant la multiplication d'ateliers où la main-d'œuvre était exploitée de façon atroce, ajoutant du désespoir au désespoir pour une population qui ne pouvait guère refuser de travailler malgré l'indigence des salaires. D'autres Haïtiens pauvres furent négociés par le gouvernement haïtien, selon des accords secrets, pour aller travailler dans les champs de canne à sucre de la République dominicaine, et être ainsi expédiés comme des esclaves de l'autre côté de l'île.

J'étais encore jeune en Haïti quand j'entendis, avec les terrifiants récits des cruels Tonton Macoute ou des hommes en noir de Marie Vieux-Chauvet, des histoires d'enfants kidnappés afin que leurs organes soient prélevés et servent à soigner des enfants malades de familles riches en Amérique. Cela m'avait tellement effrayée que je n'en dormais plus la nuit. Je m'interrogeais. Qu'aurait fait Marie Vieux-Chauvet d'une telle histoire ? Ou de la fin de la dictature Duvalier, quand le fils a pris à son tour le chemin de l'exil et que le peuple, comme les mendiants de sa trilogie et les foules des *Rapaces*, a envahi les rues pour célébrer ce départ et demander revanche ? Qu'aurait-elle fait de la première élection démocratique du président d'Haïti, ou de la mort de Jean Dominique ? Du 11 Septembre ? Ou du terrible tremblement de terre du 12 janvier 2010 ? Et je me suis demandé ce que cela aurait été de m'asseoir avec elle autour d'une tasse de café, dans un coin sombre d'un restaurant haïtien de Port-au-Prince ou de Miami, comme j'ai eu le plaisir de le faire avec Jan J. Dominique. En l'absence de Marie Vieux-Chauvet, je me suis sentie orpheline. Mais c'est seulement après avoir lu *Mémoire errante* de Jan J. que j'ai senti à nouveau ce que c'était de perdre un proche parent littéraire, et biologique de surcroît.

Parce qu'elle porte le nom de son père, avec une voyelle en moins, on pourrait confondre la fille romancière avec l'agronome/journaliste. Alors elle a commencé par utiliser son surnom J.J. sur la couverture de ses livres.

« Un de ces jours, on me présentera comme le père de Jan, la romancière », affirmait son père. Il adorait ses romans. Il disait que l'un d'entre eux lui rappelait Proust, son écrivain favori. « Si je n'étais pas ton père, j'aurais écrit un article, mais il risquerait de ne pas paraître objectif. »

Puis il y a eu l'assassinat, et elle s'est trouvée dans l'incapacité d'écrire parce qu'on ne cessait pas de lui dire : « Tu devrais écrire sur ton père », ce qu'elle a fini quand même par faire.

Les derniers mois de sa vie, Marie Vieux-Chauvet se consacra à des recherches et à réunir des documents pour un roman épique, *Les Enfants d'Ogoun*, Ogoun étant le dieu haïtien de la guerre. Malheureusement, elle ne réussit à écrire que quelques pages de ce livre prometteur.

« Je voudrais être sûre, dit-elle dans *Amour*, que Beethoven est mort apaisé d'avoir écrit ses concertos. Car que représenteraient, sans cette certitude, la douloureuse anxiété d'un Cézanne traquant une couleur qui le fuit, l'angoisse d'un Dostoïevski cherchant Dieu à tâtons, perdu dans le fourmillement d'une pensée torturée par une complexité d'âme infernale ? »

J'aimerais être sûre aussi que Marie Vieux-Chauvet est morte apaisée d'avoir, comme l'a fait sa sœur en littérature, la romancière et mémorialiste Jan J. Dominique, écrit passionnément, courageusement, dangereusement, ses livres. Plus j'écris moi-même, et plus j'en suis certaine.

CHAPITRE 5

Je parle sans détour

Alèrte Bélance : J'ai un moignon là où se trouvait mon bras et les doigts de ma main gauche ont été coupés ; je ne peux pas la fermer. Cette main ne peut plus rien pour moi. C'est pourquoi je vous dis : sachez que j'ai toujours gardé la tête haute, je parle sans détour… Voyez le calvaire que j'ai subi quand ces criminels m'ont kidnappée et emmenée dans les charniers… Ecoutez mon histoire, ce que j'ai vécu.

Nous roulions vite par le Lincoln Tunnel vers le New Jersey pour rendre visite à une Haïtienne nommée Alèrte Bélance. Alèrte était la dernière victime du coup d'Etat militaire de 1991 en Haïti. Nous – la réalisatrice, les productrices du documentaire et moi – avions entendu parler d'elle par une organisation féminine de secours aux réfugiés à Brooklyn. On nous avait dit qu'elle avait été arrêtée par des miliciens d'un groupe paramilitaire, affilié à la junte responsable du coup qui avait pris de facto les rênes du pays. Nous avions, toutes les cinq, immédiatement sauté dans une petite voiture, le coffre plein de matériel vidéo, et filé vers la cité de logements sociaux de Newark où Alèrte, son mari et leurs trois enfants vivaient. Notre documentaire traitait des survivants de la torture en Haïti, et nous espérions qu'elle nous raconterait son histoire.

Quand on entra dans l'appartement très peu meublé au dernier étage d'un immeuble qui en avait cinq, on fut accueillies par deux petites filles en robe rose à ruchés avec des rubans assortis dans les cheveux. Le fils d'Alèrte était assis sur un grand canapé orange au milieu du living. Un petit garçon, mais il était difficile de dire s'il était plus âgé ou plus jeune que les filles qui paraissaient avoir dans les dix ans. Il ne souriait jamais, ce qui me fit penser qu'il était en fait plus âgé et comprenait beaucoup mieux que ses sœurs ce qui s'était passé.

Le mari d'Alèrte, jeune d'allure, avec un bouc, apporta quelques chaises de la cuisine. Puis Alèrte sortit de la chambre à coucher. C'était une petite femme, au visage sombre entamé sur le côté par un coup de machette qui avait failli lui emporter la pommette. Proche des trente ans, elle paraissait en avoir le double. Les cicatrices du coup de machette et les points de suture traçaient sur son visage comme des petits rails vers son menton. Elle portait un corsage vert, une jupe à fleurs, un bonnet sombre en tricot, et alors qu'elle s'avançait en boitant vers le canapé, elle nous salua chacune de la tête.

Quelque part en bas, un bébé pleurait.

« Ces appartements sont parfois occupés par des femmes battues », dit-elle en créole d'une voix hésitante.

Cependant, elle était beaucoup plus compréhensible

que nous ne l'avions craint car, lors de l'agression, sa langue avait été coupée en deux.

Il était impossible de ne pas avoir le regard attiré par son bras droit, le moignon noir qui pointait, dont les cicatrices étaient bordées de boursouflures. Vers la pointe, les cicatrices étaient plus nombreuses, comme si celui – ou ceux – qui le lui avait coupé s'était acharné dessus. On ne pouvait voir ce bout de bras sans se demander où était le reste.

Mon frère Kelly a aussi un avant-bras atrophié. Mais au contraire d'Alèrte, il est né ainsi. Je ne sais pas exactement ce qui s'est passé avec Kelly, mais quand ma petite dernière, Leila, est née avec quelques dentelures sur le lobe de son oreille gauche, le pédiatre m'a dit que quelquefois, dans l'utérus, des brides amniotiques se forment et s'enroulent autour du fœtus et peuvent lui amputer un bras ou une jambe. Des amis qui pratiquent le Vaudou et la Santeria m'ont dit que lorsqu'un bébé naît avec un membre ou autre chose en moins, cela signifie qu'il a perdu son jumeau dans le ventre de sa mère et que ce jumeau a laissé une marque visible sur le survivant.

Au moins, m'étais-je dit, voilà deux réponses possibles sur ce mystère qu'était mon frère si beau. L'avant-bras de Kelly s'était dissous dans le ventre de ma mère, devenant une part des tissus et de l'esprit qui avaient aidé à le créer. Le bras manquant d'Alèrte s'était dissous dans une fosse commune, devenant une part du pays qui avait aidé à la créer.

Alèrte Bélance : Ils m'ont découpée en morceaux à coups de machette. Ils ont coupé ma langue et ma bouche :

> mes gencives, mes couronnes, mes dents et ma mâchoire du côté droit. Ils ont profondément tailladé mon visage, ouvert ma tempe et ma joue. Ils ont tailladé mon œil. Ils ont coupé mon oreille. Ils ont tailladé mon corps, toute mon épaule, le cou et le dos à coups de machette. Ils ont tranché mon bras droit. Ils ont tailladé mon bras gauche et coupé le bout des doigts de ma main gauche. Ils m'ont aussi tailladé la tête à coups de machette.

Une fois les lumières et les caméras installées, la réalisatrice, mon amie Patricia Benoit, essaya de commencer en douceur.

« *Ki jan w ye ?* » Comment allez-vous ? Patricia, qui est née en Haïti et a rejoint les Etats-Unis avec ses parents quand elle avait six ans, a une voix douce, hésitante mais cajoleuse en créole. Parlant couramment l'anglais, le créole et le français, elle n'est pas seulement trilingue, mais aussi tritonale, avec une tonalité et un timbre différents pour chaque langue qu'elle parle. Patricia a souvent filmé en Haïti et vu d'autres victimes d'autres horreurs, alors quand elle dit à Alèrte « *Ki jan w ye ?* », cela ne ressemblait pas à une formule passe-partout, particulièrement dans cette pièce presque vide si loin de nos foyers.

Alèrte s'installa sur le canapé et, de sa main qui se mouvait maladroitement, elle commença à tirer sur son bonnet sombre. Elle le retira, et apparurent d'autres cicatrices sous la coupe de cheveux militaire, à ras. Elle remit vivement son bonnet.

« On fait comme vous préférez, dit doucement Patricia, mais vous êtes bien sans le bonnet. »

Sans le bonnet, malgré les cicatrices très visibles des coups de machette, les pommettes meurtries d'Alèrte se dégageaient. Ses yeux paraissaient d'onyx et un sourire timide tirait un coin de sa bouche.

« Je ressemble à un garçon », dit-elle en roulant nerveusement son bonnet.

Elle demanda à son mari de lui apporter des boucles d'oreilles en fausses perles d'un coffret dans sa chambre. Quand il revint, il se baissa et, parce qu'elle ne pouvait le faire elle-même, lui mit les boucles. Puis il s'assit près d'elle, comme pour la protéger de la caméra.

« Quel travail faisiez-vous en Haïti ? demanda Patricia à Alèrte.

— Je vendais de la nourriture au marché. »

Son mari, dit-elle, était soudeur. Il faisait aussi partie de certains comités de quartier qui avaient organisé des manifestations pour soutenir Jean-Bertrand Aristide aux élections présidentielles.

Patricia la guidait lentement vers le moment où les paramilitaires, dénommés *attachés*, étaient venus chez elle à Port-au-Prince.

Ils voulaient liquider tous ceux qui avaient voté pour Aristide, dit-elle. Son mari, à cause de sa participation aux comités de soutien, était visé. Ils avaient frappé à sa porte. Quand son mari vit de quoi il s'agissait, il se sauva par une fenêtre à l'arrière de la maison. Il pensait que s'ils ne le trouvaient pas, ils s'en iraient tout simplement. Il n'avait jamais imaginé qu'ils la prendraient à sa place.

Ils l'embarquèrent à l'arrière d'une camionnette et la conduisirent dans un endroit désert en dehors de la ville.

Ce qu'on appelait la vallée de la mort d'Haïti, une grande fosse commune nommée Titanyen. Là deux hommes la massacrèrent à coups de machette. Quand elle se rendit compte qu'ils cherchaient à la tuer, elle cessa de se débattre, se laissa aller à terre et fit la morte. Elle avait perdu son bras, dit-elle, en essayant de protéger son visage et le reste de son corps.

Quand les paramilitaires virent qu'elle ne bougeait plus, l'un d'eux remarqua : « Regarde, on dirait qu'elle est morte. »

« Ils avaient d'autres gens à tuer, dit-elle, alors ils m'ont abandonnée là. »

Elle attendit qu'ils soient partis. Puis quand elle se réveilla elle se traîna vers le bord de la route et patienta jusqu'au matin.

Alors qu'elle parlait, doucement mais avec fermeté, comme si elle revivait chaque seconde de ces horreurs, j'en faisais une traduction rapide sur un carnet pour une de nos productrices qui ne parlait pas le créole. Je sentais des larmes couler sur mon visage, une réaction peut-être peu professionnelle, et même irrespectueuse. Raconter cette histoire était un acte tellement courageux, pensai-je, qu'elle était la seule personne dans cette pièce à avoir le droit de pleurer.

Alèrte Bélance : Quand je me suis réveillée le lendemain matin, j'étais accrochée à un tas de ronces où les *zenglendo* m'avaient balancée. Tout mon corps était couvert d'épines. Je ne les sentais pas cependant, parce que tout mon corps était mort. Je ne savais pas où j'étais parce que je ne pouvais pas voir – mes yeux étaient collés par le sang coagulé – mais il me semblait que j'étais suspendue dans l'air, perchée sur le bord d'une colline, juste au-dessus d'un trou. Je me sentis trembler, tout mon corps tremblait. Je décollai mes yeux et alors je vis que je n'étais pas trop loin de la route. Mais je ne pouvais voir ni en haut ni en bas, je ne pouvais bouger ni vers la gauche ni vers la droite. Et si je me retournais, je tomberais dans le trou.

Patricia la questionna alors sur son incroyable survie. « Comment vous a-t-on trouvée ? »

Le matin, du bord de la route en corniche, elle vit plusieurs voitures rouler à vive allure. Elle cessa de lever son bras sanguinolent pour attirer l'attention. Certains automobilistes s'arrêtèrent et, le souffle coupé, s'empressèrent de reprendre le volant et de filer. Elle était entièrement couverte de *pikan*, les ronces étant nombreuses dans le coin. L'un des bons samaritains potentiels dit même : « Elle n'est pas morte », mais il reprit son chemin. Finalement, un camion de l'armée stoppa – donnant la preuve que les soldats ne sont pas tous les mêmes – et l'un des deux occupants dit : « On ne peut pas laisser cette femme ici. » Ils la soulevèrent et la mirent à l'arrière du camion.

En larmes, Alèrte s'arrêta de parler et son mari reprit le récit. Pendant toute l'interview, il fit référence à elle en créole comme *dam la*, la dame, une formule de courtoisie mais pas impersonnelle.

Après s'être réfugié dans la maison de sa tante, de l'autre côté de la ville, le mari d'Alèrte était retourné chez lui au matin. Les enfants lui dirent que leur mère avait été emmenée par les hommes qui étaient venus la veille. Dans la matinée, un soldat passa à la maison et lui demanda qui il était. Il donna avec hésitation son nom. Le soldat dit : « Vous devez aller tout de suite à l'hôpital. Votre femme va très mal. Elle sera peut-être morte avant votre arrivée. »

Quand il arriva à l'hôpital, il ne la reconnut pas. « Ce n'est pas ma femme », dit-il aux docteurs.

Alèrte eut la présence d'esprit de lui faire un signe de la tête pour lui dire qu'elle était bien Alèrte.

« Elle avait les cheveux longs, dit-il en désignant sa coupe à ras. Quand je l'ai vue, elle ressemblait aux morceaux de viande qu'on vend au marché. »

Plus tard, une organisation de défense des droits de l'homme publia une brochure avec les photos d'Alèrte prises à l'hôpital après son agression. Je n'avais jamais rien vu de pareil : photo après photo, une masse de chairs torturées et boursouflées, son visage, ses bras et ses jambes.

Les docteurs durent la cacher de plusieurs *attachés* qui vinrent la chercher à l'hôpital. Il y avait déjà eu plusieurs cas d'*attachés* qui achevaient les survivants dans les hôpitaux. Un jeune homme, laissé pour mort à Titanyen et emmené plus tard à l'hôpital, y fut assassiné par des paramilitaires sous les yeux de son grand-père impuissant. Ce précédent força les médecins à la mettre à l'abri.

Elle avait eu de la chance d'avoir des docteurs comme ça, insista-t-elle. Ce n'est pas très courant en Haïti, pour une femme pauvre, dans un hôpital avec autant de patients. Les médecins la cachèrent, et quand les assassins passèrent, ils dirent qu'elle était morte.

Petit à petit, dit-elle, en levant la main pour toucher ses cicatrices sur le côté de son visage, elle commença à guérir. Mais elle ne voulait pas donner l'impression que ç'avait été rapide et facile, comme au cinéma. Elle se souvenait des infections sur tout son corps, alors que la plupart de ses blessures étaient pleines de pus. Elle dut rester souvent sous oxygène parce que ses cavités nasales étaient trop enflammées pour qu'elle puisse respirer.

Tandis qu'elle parlait, ses filles jouaient à côté. Elles avaient déjà entendu tout cela et pouvaient l'ignorer à présent, ou c'était simplement qu'elles voulaient s'en protéger en riant sottement ensemble et en perturbant l'enregistrement. Leurs gloussements enfantins rappelèrent à Alèrte que lorsque la femme bien en chair et voluptueuse avec de longs cheveux s'était transformée en une maigre amputée au crâne ras, ses filles aussi ne l'avaient pas reconnue. A cause de son nouveau physique, elles ne savaient pas qui elle était. La plus jeune des deux prenait la photo encadrée près de son lit, le portrait souriant d'Alèrte en pleine forme, allait la voir et lui disait : « Tu n'es pas ma maman. Voilà ma maman. »

Les enfants mirent du temps à s'habituer à son nouveau corps et à sa nouvelle voix, plus basse, du fait que sa langue avait été recousue. Elle avait tenu par un fil de chair, mais les docteurs avaient réussi à la reconstituer et, miraculeusement, elle se cicatrisa.

« Elle s'est cicatrisée, dit-elle, et je peux donc raconter mon histoire, et les gens peuvent savoir ce qui m'est arrivé. »

Sa force et sa résolution semblaient prendre de l'ampleur à chaque mot, même si elle disait qu'elle se sentait parfois déprimée parce qu'elle ne pouvait pas faire grand-chose pour elle ou sa famille. Elle souffrait tout le temps de ses blessures, celles que l'on voyait et les autres qu'on ne pouvait pas voir. La nuit, elle souffrait encore plus à cause du *seren*, la brise du soir qui avait un effet sur ses os. Son mari devait la baigner et coiffer les enfants. Des choses qu'un homme ne devrait pas avoir à faire, ajouta-t-elle.

Son fils était sagement assis dans un coin, à observer l'enregistrement en vidéo tandis que ses filles, dans leur robe du dimanche, jouaient et mangeaient des bonbons. En regardant les filles, je me rendis compte qu'en grandissant, elles ressembleraient sans doute à ce que leur mère avait été.

« Je crois qu'on a tout », dit Patricia à la fin de l'interview.

Le corps d'Alèrte s'affaissa sur le canapé. Elle semblait soulagée. Ses yeux parcoururent la pièce, puis elle demanda à Patricia : « *Kote w soti* ? » D'où êtes-vous ?

Patricia lui dit ses origines en peu de mots. Née en Haïti. Mère française. Père haïtien. Elevée dans le Queens.

« Vous aimez le New Jersey ? » demanda Patricia.

Elle ne sortait pas beaucoup, dit Alèrte. Les gens la regardaient. Elle venait d'être invitée cependant au *Phil Donahue Show*, et elle avait accepté d'y aller, avec un interprète, raconter son histoire.

« Si cela peut aider Haïti », dit-elle.

Soudain, son fils s'approcha. Patricia lui demanda s'il voulait dire quelque chose.

Le garçon répondit oui.

A la caméra ?

Le garçon acquiesça.

On recommença à filmer, et le jeune garçon timide raconta la première fois où il revit sa mère.

« Elle ressemblait à de la viande en morceaux », dit-il, reprenant les mots de son père.

Des larmes coulaient sur son visage pendant qu'il parlait. Son corps était tendu, mais il semblait que finalement un nœud se défaisait dans son ventre. Il ne pouvait plus s'arrêter de pleurer.

On se mit tous à pleurer avec lui, même ceux qui ne parlaient pas créole et ne pouvaient comprendre un mot de ce qu'il disait.

En reprenant le Lincoln Tunnel, laissant derrière nous Alèrte et sa famille, nous nous sommes demandé ce que nous aurions dû dire d'autre. Quelque chose que nous aurions pu faire ? Je ne cessais de m'interroger sur la vie actuelle d'Alèrte avec son mari, sur leurs relations personnelles en dehors de l'aide qu'il lui apportait. Et une question que je ne pouvais guère poser, étaient-ils toujours attirés l'un par l'autre, s'aimaient-ils toujours ?

Quelques mois plus tard, j'eus ma réponse.

Elle était enceinte.

Alèrte Belance : Je me revois étendue sur le lit d'hôpital en train d'essayer de m'imaginer comment j'allais vivre dans cet état. Je n'ai plus mes deux bras. Mon bras gauche est encore accroché à mon corps mais il ne me sert à rien… Tuer Alèrte Bélance voulait dire qu'Alèrte Bélance ne pourrait plus aspirer à une vie meilleure. Mais ils n'ont pas pu m'arrêter et je fais des progrès maintenant que je porte à nouveau un enfant. Ils ont essayé de prendre ma vie, non seulement ils n'ont pas réussi, mais j'en crée une nouvelle.

La semaine suivante avait lieu l'enregistrement du *Phil Donahue Show*. Les producteurs du *Show* demandèrent aux nôtres de trouver des Haïtiens pour le public, et Patricia et moi, avec Jean Dominique et quelques autres amis, étions dans la salle.

Le but de l'émission était d'encourager l'administration Clinton à faire quelque chose à propos de la junte qui tuait ou mutilait des gens comme Alèrte. Des vedettes avaient été invitées pour soutenir cette initiative, dont Harry Belafonte, Susan Sarandon et Danny Glover, tout comme Randall Robinson, fondateur du TransAfrica Forum, qui avait fait la grève de la faim pour pousser l'administration Clinton à agir. Alèrte ne parla pas beaucoup pendant ce show parce qu'elle avait un interprète, ce qui ralentissait le rythme de l'émission. Par contre, Phil Donahue tint son bras en l'air ; son histoire se racontait mieux visuellement qu'avec sa propre voix.

Après la diffusion de l'émission cependant, Alèrte devint le visage des atrocités commises par la junte en Haïti. Je la rencontrai à nouveau lors de plusieurs événements où elle demandait avec énergie le retour d'un gouvernement démocratiquement élu. A un des meetings, elle partagea même la scène avec le président Jean-Bertrand Aristide, qui avait voulu la rencontrer.

Plus tard, elle se retrouva face à des chefs de groupes paramilitaires à la radio haïtienne de New York, et avec l'organisation pour la Défense des Droits constitutionnels, elle porta plainte et demanda trente-deux millions de dollars de dommages et intérêts contre le FRAPH, l'organisation paramilitaire à laquelle étaient affiliés les *attachés* qui l'avaient attaquée. Plus de dix ans plus tard, son action contre le FRAPH fut jugée en sa faveur, mais il y a vraiment peu de chance qu'elle touche le moindre centime.

Alors qu'elle commençait à être connue, on parla d'elle dans plusieurs journaux et magazines américains, et elle eut un petit rôle parlant dans le film de Jonathan Demme tiré du livre de Toni Morrison, *Beloved.* Alèrte y jouait Nan, la femme « qui utilise des mots différents ». Jonathan Demme faisait dire à Alèrte-Nan : « Elle les a tous laissés tomber sauf toi » en créole haïtien au personnage principal, Sethe, joué par Oprah Winfrey.

Quand on rencontrait pour la première fois Alèrte Bélance, ce qu'on remarquait en premier, c'étaient ses « marques », ses cicatrices. Mais il était facile de voir aussi son grand courage.

« Est-ce que vous vous rendez compte à quel point vous êtes forte ? lui avait demandé Patricia.

— Oui, je me rends compte que je suis forte, répondit-elle. Je suis très forte. Certains ont une petite coupure, elle s'infecte et ils meurent. Regardez ce qu'on m'a fait et je suis toujours vivante. Oui, je suis très forte. »

Dans *Courage and Pain* (« Courage et souffrance »), le documentaire que nous avons fini par faire et qui n'est pas distribué, Alèrte et sa famille sont entourés par une douzaine d'autres survivants qui, comme Alèrte, avaient réchappé à une exécution. Ils avaient tous une version différente de la même histoire, ils avaient été battus, torturés, ils avaient reçu des coups de machette, on leur avait tiré dessus, et ils avaient failli mourir dans un pays qu'ils aimaient et dans lequel ils ne pouvaient plus vivre.

Quelques mois plus tard, une Alèrte résolue répéta son histoire à Beverly Bell, une chercheuse américaine démocrate, militante active des droits des femmes, qui compila certains extraits que j'ai inclus dans ce chapitre pour une histoire parlée, intitulée *Walking on Fire*.

« Trois mois après mon retour des morts de Titanyen, j'étais sur mes deux jambes, dit Alèrte à Beverly Bell. J'ai parcouru les Etats-Unis pour attirer l'attention sur les malheurs d'Haïti et du peuple haïtien. J'ai parlé des femmes et des gangs de la terreur, qui les tuent et les violent, jusqu'aux bébés dans leur berceau. Je suis allée à la télévision et à la radio ; j'ai parlé à des sénateurs, des journalistes, des militants des droits de l'homme. J'ai parlé lors de meetings, de conférences de presse, dans des églises, dans des congrès… pour dire : "Voyez. Voyez ce que j'ai souffert." »

Et pas seulement souffert, cependant, parce que contre toute probabilité, elle a survécu et trouvé sa voie. Son témoignage est un grand cadeau qu'elle fait à beaucoup qui cherchent encore à rester vivants, et en hommage à plus de huit mille autres morts sous le joug de la junte.

Alèrte Bélance : Ils ont tué mère après mère. Ils ont tué docteur après docteur, étudiant après étudiant. Des mères d'enfants ont perdu leurs enfants… Le diable a violé la confiance du peuple… Peuple de la conscience, entends-moi qui essaie de te réveiller. Ecoute mon histoire, écoute ce que j'ai vécu…

CHAPITRE 6

L'autre bord de l'eau

L'été 1997, je pris l'avion à New York pour Port-au-Prince quelques jours après mon cousin Marius, qui avait voyagé dans la soute d'un avion semblable d'American Airlines depuis Miami. Après le décollage et un petit somme d'une demi-heure, je mis les écouteurs gratuits et choisis dans la sélection offerte une station de radio pop où j'entendis le groupe rock, les Midnight Oil.

How can we dance when our earth is turning?
How can we sleep while...[1]

De l'autre côté du couloir, un homme en costume fripé marron brassait des papiers qu'il prenait et remettait dans une enveloppe kraft posée sur la tablette devant lui. Il s'essuya les sourcils avec un mouchoir bleu à monogramme puis appuya sur le bouton d'appel de l'hôtesse. Quand une femme ronde et blonde se dépêcha

1. Comment pouvons-nous danser alors que notre terre tourne / Comment pouvons-nous dormir tandis que...

vers lui, il lui demanda un verre d'eau. Lorsqu'elle le lui apporta, il voulut savoir quand on allait atterrir.

Je reconnus l'homme, que des officiers des services de l'immigration avaient escorté de la porte d'embarquement à son siège dans l'avion. Proche de la cinquantaine, la peau d'un brun roux, il était maigre, avec un visage émacié parsemé de restes de barbe, comme s'il avait tenté de se raser sans y réussir. C'était un étranger expulsé.

En le regardant, je pensai à mon cousin Marius qui, à sa façon, était aussi expulsé. J'avais prévu que nous deux, Marius et moi, voyagerions le même jour et mon vol de New York arrivant quelques heures avant celui de Miami, je pourrais le réceptionner à l'aéroport de Port-au-Prince. Mais les obstacles au vol de Marius ayant été brusquement levés tandis que des problèmes survenaient de mon côté, Marius était parti et arrivé, tout seul, avant moi pour être enterré.

A l'origine, le transport de Marius fut retardé à cause de l'entreprise de pompes funèbres qui ne trouvait pas ses papiers. Lorsque sa mère nous appela à New York – d'Haïti – pour annoncer son décès à mon père et demander notre aide afin que son corps soit rapatrié de Miami, je n'avais pas vu Marius depuis des années. De deux ans plus jeune que lui, je l'avais cependant peu connu enfant car ses parents étant divorcés, il vivait la plupart du temps avec son père qui ne fréquentait guère notre famille. Mon père se souvenait à peine de Marius, qui était encore un gamin quand mes parents quittèrent Haïti pour les Etats-Unis. Une dizaine d'années après mon propre départ pour les Etats-Unis, j'appris qu'il avait pris un bateau pour Miami.

Quand Tante Zi nous appela pour nous apprendre sa mort, mon père lui présenta ses condoléances puis me fit signe de décrocher l'autre poste pour lui dire que je m'occuperais de tout et ferais en sorte que le corps de Marius lui soit retourné en Haïti.

Après avoir présenté mes propres condoléances à une Tante Zi hoquetante et en larmes, je lui demandai où vivait Marius ces derniers temps.

Elle marqua une pause comme pour libérer sa gorge d'une grosse boule et murmura « Miami », presque troublée, comme si elle ne comprenait pas pourquoi je posais cette question alors qu'elle l'avait répété de multiples fois.

« Est-ce que tu as l'adresse de l'endroit où il vivait à Miami ?

— Non », dit-elle. Mais elle avait le numéro de téléphone de celui qui était son colocataire depuis deux ans. Un certain Delens.

« J'appellerai Delens, lui dis-je, et te tiendrai au courant. »

Je fis le numéro de Delens dès que j'eus raccroché avec Tante Zi, et lui demandai en créole si je pouvais parler avec lui. Un jeune homme répondit : « Pourriez-vous parler anglais ? J'ai grandi ici. J'ai du mal à parler créole. »

Il s'agissait de Delens. Je lui dis, en anglais, que j'étais la cousine de Marius et que j'essayais de savoir où était son corps pour le rapatrier à Port-au-Prince. Pouvait-il m'aider ?

Il me donna le numéro de téléphone de Freeman Funeral Home, où se trouvait déjà le corps de Marius en attendant son rapatriement. Il ne savait pas combien réclamaient les pompes funèbres pour le transport et Tante Zi ne lui faisait pas assez confiance pour lui envoyer l'argent, l'accusant d'être responsable – en quoi ? il ne le savait pas et ne pouvait l'expliquer – de la mort de Marius.

A la fin de la conversation, je demandai, prenant toutes les précautions et ma voix la plus polie : « Pouvez-vous s'il vous plaît me dire de quoi Marius est mort ?

— *Move maladi ya* », répondit-il dans un créole parfait et sans accent. La mauvaise maladie, un euphémisme pour le sida.

« Quand cela s'est-il passé ? Quand l'a-t-il eu ?

— Je sais pas ». Il retourna à son langage hip-hop. « Peut-être qu'il l'avait avant même de quitter Haïti. Je sais pas. Mais il a eu une vie assez dingue ici, *man*, il a fait plein de conneries.

— Est-ce qu'il a laissé des choses ? » Je me dis que Tante Zi voudrait le savoir. Il avait peut-être des biens qui pourraient régler une partie des frais de transport et les pompes funèbres. Mais je ne pensais pas seulement à l'argent. Peut-être y avait-il des objets plus personnels, des vêtements, des papiers, des lettres, des photos, des journaux, des souvenirs qui apporteraient du réconfort à sa mère.

« Il n'avait rien, répondit Delens d'un ton brutal. Il faisait les quatre cents coups et dépensait tout. Tout ce qu'il avait quand il est mort, c'était soixante dollars. »

Vrai ou faux, mais il me semblait impossible qu'un

homme de trente ans ne laisse rien d'autre derrière lui. Quand je raccrochai et résumai la situation à mon père, il me dit que Tante Zi croyait que Marius avait été empoisonné par son colocataire, mais que chacun dans la famille avait une théorie différente. Il y avait ceux qui pensaient qu'il s'était suicidé et d'autres qu'il avait fait une overdose. Je ne savais quoi et qui croire, mais cela n'avait en fait aucune importance. Une mère en pleurs attendait de retrouver son fils. Et comme elle ne pouvait pas venir à lui, il fallait trouver un moyen de le ramener à elle.

L'enterrement, s'il se passait à Miami, coûterait trois mille dollars, me dit M. Freeman quand je l'appelai. Mais envoyer le corps de Marius en Haïti reviendrait à cinq mille dollars. Il avait déjà le corps de Marius depuis un jour ou deux et serait heureux de le faire parvenir aux pompes funèbres de notre choix dans la capitale haïtienne, mais il avait besoin des « papiers ».

« Quel genre de papiers ? » demandai-je.

Comme Marius, venu à Miami par bateau, n'avait pas demandé officiellement asile, ni légalisé sa situation, c'était un sans-papiers.

« Je dois obtenir pour son rapatriement des papiers du consulat haïtien, expliqua M. Freeman. Les autorités américaines voudront voir ces documents à l'aéroport avant son départ et les autorités haïtiennes voudront les voir quand il arrivera.

— C'est un mort dont le corps doit être renvoyé dans le pays où il est né. Qu'est-ce qu'il y a de si compliqué ? demandai-je.

— Pour commencer, répondit-il calmement, c'est un étranger. »

On est donc encore étranger dans la mort, me dis-je, et nos corps, des visiteurs toujours non souhaités ?

Heureusement, Delens finit par trouver le passeport de Marius qui permettrait d'obtenir du consulat haïtien les papiers de sortie, m'assura M. Freeman. C'était simplement une question de temps.

« Mais ce n'est pas la seule chose, continua-t-il de sa voix imperturbable de pasteur. C'est plus compliqué à cause du genre de maladie dont il est mort. Il y a certaines procédures spéciales qui concernent cette catégorie de cadavres. »

Même si cela était écrit en grands caractères gras sur le certificat de décès de Marius, personne ne voulait nommer la maladie qui l'avait tué. Comme si, d'une certaine façon, ils respectaient sa dernière volonté. Le silence à tout prix.

Le jour suivant, j'appelai Tante Zi pour lui expliquer tout ce que j'avais appris concernant le retour de Marius en Haïti. Tante Zi connaissait le prix des pompes funèbres, me dit-elle ; elle voulait seulement savoir si Delens disait la vérité. Elle était prête à faire le virement. Elle avait même reçu les informations de M. Freeman.

« Marius sera bientôt à la maison », lui dit mon père.

Avant de raccrocher, Tante Zi recommença à pleurer puis ajouta : « Regardez comment on m'a pris mon fils, et pris aussi tout ce qu'il avait. »

Marius lui faisait parvenir quelques centaines de dollars tous les mois, dit Tante Zi. Il ne pouvait en aucune façon être fauché. Et il n'était pas mort de la « mauvaise maladie » non plus. Il l'avait appelée une fois par semaine, chaque dimanche, et promis de venir la voir dès que ses papiers seraient régularisés. Pendant ces conversations, il paraissait toujours joyeux et plein d'espoir. Il ne lui était jamais apparu comme quelqu'un de malade.

Mon père interrompit brusquement les souvenirs larmoyants de Tante Zi. Il lui dit de se calmer et de reprendre ses esprits pour faire face à ce qui l'attendait.

« Tu n'as pas vu ton fils depuis des années, lui rappela-t-il. Il te revient dans un cercueil. *Met fanm sou ou.* Tu sais que tu dois être forte. »

Tante Zi, qui disait souvent qu'elle aimait mon père plus que tous ses autres frères et sœurs – comme elle disait aussi aux autres qu'elle les préférait – accepta.

« Tu as raison, mon frère, dit-elle, reniflant toujours dans mon oreille, au bout du fil. Je dois y faire face.

— Je suis désolé de ne pas pouvoir être près de toi, dit mon père qui se remettait des premières attaques de la fibrose pulmonaire qui allait le tuer.

— Je comprends, mon frère », dit-elle.

Trois jours plus tard, les papiers autorisant la sortie arrivèrent. Après huit jours à la morgue de M. Freeman, Marius rentrait à la maison. Dans le même temps, mon père eut une crise soudaine et je ratai le départ de Marius. Le corps avait été envoyé à Port-au-Prince. Je ne pus ni l'accueillir, ni être présente à la veillée funèbre et à l'enterrement.

Quand j'arrivai en Haïti, je ne me rendis pas immédiatement au mausolée de la famille où Marius était enterré. Je n'en avais pas besoin. Tante Zi avait fait photographier toutes les funérailles et constitué un petit album souvenir. Les photos les plus impressionnantes montraient Marius couché dans son cercueil d'argent en costume noir et cravate, ses mains soigneusement croisées sur son ventre. Son visage sombre bouffi, couvert d'une épaisse couche de fond de teint autour d'un demi-sourire, ne permettait pas d'imaginer à quoi il aurait ressemblé dans des circonstances différentes.

Je vis plusieurs fois Tante Zi cet été-là en Haïti, une fois au baptême de sa dernière petite-fille, le bébé de sa seule fille, Marie. Elle était venue me voir au campus de la fac en bord de mer où je donnais, comme professeur associé, des cours à des étudiants américains.

Un après-midi, lors d'une de ses visites, nous nous étions assises sur le sable chaud, sous un amandier, alors que deux de mes cousins haïtiens jouaient au foot et au volley en bord de plage avec des étudiants. Nous regardions la mer calme couleur turquoise et les montagnes brunes dénudées à l'horizon, les nuages qui progressaient doucement au-dessus d'elles, comme s'ils équilibraient soleil et ombre. Je savais que Marius allait surgir à un moment ou à un autre pendant l'après-midi, et cela ne manqua pas.

« Je sais que c'est ce que tu fais maintenant, dit Tante Zi. Cette chose, avec l'écriture. Je sais que c'est ton travail, mais je t'en prie, n'écris pas sur ce que tu crois savoir à propos de Marius. »

A la vérité, je savais très peu de chose sur Marius. Même si nous étions cousins, de même sang, nos vies d'adultes – ma vie adulte, sa mort adulte – auraient pu ne pas se croiser si on ne m'avait pas demandé d'aider au retour de son corps. En fait, cela ne fut pas si dramatique. Ce retour avait été organisé d'une manière presque hygiénique, tout par téléphone, pas d'*Antigone* là-dedans.

C'est le genre de chose qui se passe tout le temps. M. Freeman et Delens me l'avaient expliqué chacun à sa façon : les membres de la famille, éloignés ou absents, se rendent compte qu'ils découvrent – ou retrouvent – dans cette mort des fragments d'une vie qui surgissent d'histoires tues. En Haïti, la même expression *lòt bò dlo*, l'autre bord de l'eau, pouvait être utilisée pour qualifier l'éternelle après-vie aussi bien que l'éventuelle destination de l'émigré. Il est parfois impossible même pour ceux d'entre nous qui sont du même côté de *lòt bò dlo* de se rencontrer.

« Nous n'avons pas encore eu de mort, dit le colonel de Márquez. On n'est de nulle part tant qu'on n'a pas un mort dessous la terre. » Est-ce que la personne y appartient si elle est morte sur cette terre, mais n'y est pas enterrée ?

« On doit être enterré là où on meurt », avait dit Tante Ilyana, la sœur aînée de Tante Zi. Mais que se passe-t-il si tu es seul quand tu meurs ? Si tous tes proches sont *lòt bò dlo* ?

« Les gens parlent, continua Tante Zi. Ils disent que tout ce qu'on te dit finit toujours écrit quelque part. »

Parce qu'elle était mon aînée, ma très chère tante, je

baissai la tête de honte, souhaitant pouvoir m'en excuser, mais cette artiste immigrante, comme beaucoup d'autres artistes, est une sangsue et j'avais besoin de m'accrocher. Je voulais citer le poète et critique Stéphane Mallarmé et dire que toute chose qui existe dans le monde finit dans un livre. Je voulais lui demander son pardon pour l'essai que dans ma tête j'écrivais déjà. Mais le maximum que je pouvais faire, c'était lui promettre de ne pas utiliser son vrai nom ou celui de Marius.

Elle redevint silencieuse, réconfortée pour un temps par ce petit compromis. Je changeai de sujet, lui demandai si elle voulait aller nager. Pour se détendre un peu le corps, lui dis-je, avant de rentrer à Port-au-Prince. Je pensai qu'elle allait dire non. Elle avait déjà refusé une fois. J'espérais cependant être surprise et qu'elle accepte.

« Je ne peux pas, commença-t-elle, puis se corrigea. Je ne veux pas. »

Un grand nuage se traînait tout gris au-dessus de nous. Mais il y avait encore du soleil sur la mer et les vagues scintillaient comme pour railler la brume au-dessus.

« Il y a des gens qui reviennent de l'autre bord de l'eau, n'est-ce pas ? dit-elle, les yeux fixés sur la mer. Tu en es la preuve, *non* ? »

Elle tendit les mains en l'air vers la grande étendue scintillante comme pour à la fois la gronder et l'embrasser.

« Oui, ils reviennent, dis-je.

— Pourquoi Marius ne l'a-t-il pas fait ? » Elle semblait le demander à moi et à la mer.

« Je ne sais pas, dis-je.

— C'est stupide de le demander, dit-elle, grattant ses courts cheveux gris sous le mouchoir blanc qui couvrait sa tête. Comment peut-on avoir une réponse à une telle question ? Seuls la mer et Dieu le savent. Juste ?

— Juste, répondis-je prudemment, encore sensible à son reproche.

— Je suppose que je devrais être heureuse de ne pas l'avoir perdu en mer », dit-elle.

Puis les yeux toujours fixés sur l'eau, elle se leva et retira ses vêtements d'un blanc laiteux. Portant seulement son soutien-gorge rouge et une culotte sombre, elle se dirigea vers l'océan pour un bain d'après-midi.

CHAPITRE 7

Bicentenaire

Deux siècles se sont écoulés depuis la création de la seconde république du continent américain. A l'époque, les Etats-Unis d'Amérique ne l'accueillirent pas avec enthousiasme. La nouvelle république, Haïti, avait gagné son indépendance après douze ans d'une insurrection sanglante d'esclaves, seule fois dans l'histoire du monde où des esclaves se rebellaient avec succès contre leurs maîtres et constituaient leur propre Etat.

Les deux jeunes nations avaient plusieurs choses en commun. Toutes les deux avaient été des colonies lourdement taxées, menées par des leaders visionnaires dont les mots possédaient le pouvoir de communiquer aux hommes l'esprit de lutte. Comparons par exemple la vision de l'arbre de la liberté de Thomas Jefferson, qui « doit être revivifié de temps à autre par le sang des patriotes et des tyrans », avec celle du général haïtien Toussaint L'Ouverture qui, capturé par les Français et sur le point d'être exécuté, déclara : « En me renversant, ils n'ont abattu que le tronc de l'arbre de la liberté des

Nègres… Mais il repoussera, car ses racines sont profondes et nombreuses. »

Que les Etats-Unis n'aient pas cherché à aider leur voisine plus petite et plus jeune était lié aux racines de L'Ouverture, africaines et maintenant plantées dans l'arrière-cour de l'Amérique. Thomas Jefferson, qui avait rédigé la Déclaration d'indépendance de son pays et été un témoin enthousiaste de la Révolution française, savait exactement ce que signifiaient les révolutions. Leur nature ne tirait pas sa force d'explosions spontanées et glorieuses, mais de leur effet de vague dans l'espace et le temps, leur capacité à mettre l'impossible à portée de main et à faire paraître les opprimés puissants. Il était également inquiet que la révolte haïtienne n'inspire des actions similaires aux Etats-Unis. « Si rien n'est fait, et vite, nous serons les assassins de nos propres enfants », écrivit Jefferson à propos de l'impact potentiel de l'insurrection haïtienne.

L'existence même d'Haïti mit l'accent sur les contradictions les plus profondes de l'expérience révolutionnaire américaine. La Déclaration d'indépendance des Etats-Unis disait que tous les hommes avaient été créés égaux, mais les esclaves haïtiens et les hommes et femmes de couleur libres durent se battre, pour le prouver, contre les plus puissantes armées de l'époque. Alors comment celui qui avait écrit sur la liberté en des termes aussi transcendants avait-il pu ne pas entendre, dans le violent désir haïtien de se libérer d'un joug, l'écho de la lutte révolutionnaire de son pays et sa victoire ? Peut-être, parce qu'il possédait lui-même des esclaves et représentait des propriétaires d'esclaves, ne pouvait-il se permettre de considérer un groupe d'Africains comme des pairs et un autre comme du bétail. Et ainsi l'indépendance d'Haïti ne fut pas reconnue par Thomas Jefferson, qui poussa le Congrès à suspendre tout commerce avec la nation naissante, qualifiant ses chefs de « cannibales de la terrible république ».

Timothy Pickering, sénateur du Massachusetts qui fut secrétaire d'Etat de John Adams, écrivit à Jefferson pour protester contre son refus d'aider la nouvelle république haïtienne. « Ces hommes, qui n'ont dû compter que sur leurs propres forces, doivent-ils être privés des fournitures nécessaires qu'ils ont pris l'habitude de recevoir depuis des années des Etats-Unis et sans lesquelles ils ne pourraient pas subsister ? » demanda Pickering.

Pourtant les Etats-Unis avaient bien profité du conflit colonial voisin. Ruinée après sa défaite haïtienne, la France avait vendu aux Etats-Unis un grand territoire de 828 000 miles carrés, de la rive ouest du Mississippi aux montagnes Rocheuses, pour quinze millions de dollars. L'achat de la Louisiane se révéla l'opération immobilière la plus fructueuse jamais réalisée, au prix de quatre *cents* l'acre environ. Alexander Hamilton dit que Napoléon n'aurait jamais vendu ses concessions sans « le courage et la résistance obstinée de la population noire » d'Haïti.

Les Etats-Unis mirent soixante ans à reconnaître l'indépendance d'Haïti. Pendant tout ce temps, Haïti continua d'être considérée comme une colonie pénitentiaire éventuelle pour les Etats-Unis ou un lieu (façon Liberia) où les Noirs libres pourraient être rapatriés. Lorsque Abraham Lincoln reconnut l'indépendance d'Haïti en 1862, l'Amérique était déjà en guerre elle-même sur le sujet de l'esclavage. Alourdie par son isolement et les cent millions de francs qu'elle devait payer à la France pour la reconnaissance officielle de son indépendance – soit l'équivalent de plus de vingt-deux milliards de dollars actuels, dont certains Haïtiens, comme l'ancien président Jean-Bertrand Aristide, réclament le remboursement – Haïti se trouva dangereusement entraînée vers des troubles et une dépendance qui se concrétisèrent par dix-neuf ans d'occupation américaine et trois interventions successives ces cent dernières années.

Dans *Notes on the State of Virginia*, Thomas Jefferson prédit ce qui pouvait arriver au système politique américain dans le pire des scénarios. Mais ses prévisions se sont avérées prophétie pour sa voisine soumise au pillage. « L'esprit du temps... se détériorera, écrivit Jefferson. Nos dirigeants deviendront des corrompus... Les chaînes... qui ne tomberont pas à la fin de la guerre se maintiendront et se feront de plus en plus lourdes. »

Peut-être, si on lui en avait donné tout de suite la chance, Haïti aurait-elle pu se développer et prospérer. Haïti aurait pu célébrer le bicentenaire de son indépendance en ayant moins d'entraves. Au lieu de cela, en janvier 2004, Haïti célébra le deux centième anniversaire de son indépendance de la France au milieu d'une révolte nationale. Dans la capitale haïtienne et d'autres villes du pays, des manifestants pro- et antigouvernementaux s'affrontèrent. Des membres d'une armée dissoute déclarèrent la guerre à des forces de police jeunes et inexpérimentées. Des foules de jeunes gens en colère, dont certains appelés *chimè* (chimères) par leurs compatriotes et d'autres, reprenant avec ironie les termes de Thomas Jefferson et s'appelant eux-mêmes *lame kanibal*, l'armée des cannibales, se battirent pour déterminer si le président d'alors, Jean-Bertrand Aristide – vénéré par les chimères et détesté par l'armée des cannibales – resterait ou non au pouvoir.

Quelques semaines plus tard, Aristide quittait le pays, aux premières heures, un dimanche matin. Selon lui, il avait été kidnappé dans sa résidence de Port-au-Prince et embarqué dans un avion américain banalisé qui l'emmena en République centrafricaine, où il se retrouva pratiquement prisonnier pendant plusieurs semaines. Selon d'autres témoignages, il était parti volontairement, après avoir écrit une lettre de démission en créole haïtien. Ce qui reste incontestable, c'est qu'alors que commençait sa vie en exil, Aristide prononça, pour la presse internationale, les mots mêmes de Toussaint L'Ouverture partant pour son exil fatal en France : « En me renversant, ils n'ont abattu que le tronc de la liberté des Nègres… Mais il repoussera car ses racines sont profondes et nombreuses. »

Les Haïtiens, dans l'île ou ailleurs, ne furent pas surpris que, l'année du bicentenaire d'Haïti, Aristide choisisse de lier sa sortie à un événement si fort du passé. Après tout, il n'y avait pas de moment plus évocateur dans l'histoire d'Haïti – bien que négligé par le reste du monde – que ce triomphant aboutissement de la révolution pour lequel L'Ouverture et ses compagnons avaient vécu et étaient morts deux cents ans plus tôt. Bien que le passage de l'esclavage à un Etat libre fût loin d'être paisible, beaucoup d'Haïtiens, moi comprise, préféraient oublier les divisions qui suivirent l'indépendance, la couleur, les partis pris de classes qui partageaient le pays en groupes dirigés par des oligarques et des monarques autoproclamés, qui les gouvernaient exactement comme ils l'avaient été, sans aucun respect pour la parité ou l'autonomie.

Dans *Le Royaume de ce monde*, l'écrivain cubain Alejo Carpentier nous permet de concevoir la possibilité, avec laquelle son propre pays, Cuba, plus tard se débattra, qu'une révolution que certains considèrent visionnaire puisse paraître à d'autres comme un échec. Par les yeux de Ti Noël, ni roi ni dirigeant, mais juste un homme ordinaire, nous avons une perception intime des acteurs d'une histoire épique qui mélange le mythe et la tradition, le réalisme magique et les faits historiques. Nous y rencontrons quelques-uns des plus grands architectes de la révolution haïtienne, avec des compagnons fictionnels qu'ils recueillent le long du chemin. Nous rencontrons Makandal le manchot, dont on dit qu'il s'est transformé en un million de lucioles, ou parfois en un simple insecte, afin d'échapper au bûcher des coloniaux français. Nous rencontrons aussi un expatrié jamaïcain, Bouckman – souvent orthographié Boukman – qui présidait à l'émouvante cérémonie vaudou qui aida à transformer le jeune Toussaint L'Ouverture, l'herboriste aux manières douces, en un guerrier héroïque. Et bien sûr, nous découvrons le roi Christophe, l'ancien cuisinier, qui finira par se tuer d'une balle d'argent mais pas avant d'avoir forcé ses compatriotes à vivre « la renaissance des chaînes, cette prolifération de souffrances, que les plus résignés commencèrent à accepter comme preuve de l'inutilité de toute révolte ».

Même si Ti Noël ne reste pas longtemps parmi les résignés, il est certainement mis à l'épreuve par la rencontre de ceux qui avaient déterminé le destin de son pays. Comme Haïti, il ne peut pas être vraiment défini. Au mieux, on peut voir Ti Noël comme un alter ego de Carpentier. Né de mère russe et de père français, Carpentier montre en écrivain talentueux comment les révolutions nous font jouer tous les rôles, humiliant les vainqueurs et encourageant les opprimés, et parfois le contraire. Parce que si l'histoire est souvent racontée par les vainqueurs, il n'est pas toujours facile de dire qui devraient en être les vrais narrateurs, à moins que l'on reconsidère à chaque page ce que signifie vaincre et être vaincu.

Sur la Cuba de Carpentier, Thomas Jefferson écrivit : « Je dois sincèrement avouer que je n'ai jamais considéré que Cuba pourrait être l'addition la plus intéressante pour notre système d'Etats. Le contrôle que, avec la pointe de la Floride, cette île pourrait nous apporter sur le golfe de Mexico, les pays et l'isthme qui le bordent, de même que sur les mers autour, donnerait sans doute toute la mesure de notre puissance politique… Pourrions-nous la persuader de se joindre à nous en reconnaissant son indépendance contre le reste du monde ? »

Dans une préface à l'édition de 1949 de *Le Royaume de ce monde,* Alejo Carpentier raconte comment, durant un voyage en Haïti, il s'était trouvé en contact quotidien avec quelque chose qu'il avait appelé *real maravilloso*, le réel merveilleux.

« J'avançais sur une terre en laquelle des milliers d'hommes épris de liberté croyaient, écrit-il. J'entrais dans la citadelle La Ferrière, une construction sans antécédents architectoniques… Je respirais l'atmosphère créée par Henri Christophe, monarque d'entreprises incroyables… A chaque pas je découvrais le réel merveilleux. »

Le réel merveilleux, que nous qualifions aussi de réalisme magique, vit et s'épanouit en Haïti dans le présent et le passé, tout comme sa révolution. Le réel merveilleux est dans l'extraordinaire et le commun, le beau et le répugnant, le dit et le non-dit. Il est dans les princes africains enchaînés qui croyaient qu'ils pouvaient voler, trouver les chemins des nuages et le langage des forêts, mais qui n'arrivaient plus à se reconnaître eux-mêmes dans ce qu'on appelait le Nouveau Monde. Il est dans les complexes *vèvès*, les dessins de grains de maïs, tracés sur le sol lors des cérémonies vaudou pour attirer l'attention des dieux. Il est dans la réponse tonnante de dieux comme Ogoun, dieu de la guerre, qui parlent dans les cœurs d'hommes et de femmes qui, en dépit de leurs maigres chances, n'acceptent rien de moins que la totale liberté.

Dès qu'ils le peuvent, les Haïtiens rappellent leurs liens historiques et spirituels avec cet héritage héroïque en invoquant les noms de l'un ou de tous les fondateurs du pays : Toussaint L'Ouverture, Henri Christophe et Jean-Jacques Dessalines. (Le credo de ce dernier était *Koupe tèt, boule kay* – Coupe les têtes, brûle les maisons.)

« Ils ne peuvent pas nous faire ça », disons-nous quand on veut nous soumettre. « Nous sommes les enfants de Toussaint L'Ouverture, de Henri Christophe et de Jean-Jacques Dessalines. »

Comme l'évocation appropriée de Toussaint L'Ouverture par le président Aristide le révèle, pour beaucoup d'entre nous la révolution haïtienne semble avoir eu lieu il y a moins de deux cents jours, plutôt qu'il y a plus de deux cents ans. Y a-t-il quelque chose de plus opportun et intemporel que le combat de tous pour contrôler le destin d'un seul, une croisade de la communauté pour une autodétermination ?

Le résultat, quand il est finalement atteint, peut être presque impossible à décrire. Cela l'avait certainement été pour le poète haïtien Boisrond Tonnerre, à qui fut confiée la tâche jeffersonienne d'écrire la Déclaration d'indépendance d'Haïti. Pour la faire bien, déclara-t-il, il lui aurait fallu la peau d'un Blanc comme parchemin, le crâne de l'homme comme encrier, son sang comme encre et une baïonnette comme plume.

En août 1791, au cours de la cérémonie vaudou qui lança la lutte de l'indépendance pour une décennie, les chants appelèrent le dieu de la guerre Ogoun et un cochon fut sacrifié en son honneur.

« La machette s'enfonça soudainement dans le ventre d'un porc noir, qui laissa échapper en hurlant ses tripes et ses poumons », écrit Alejo Carpentier dans *Le Royaume de ce monde*.

> « Alors, appelés par les noms de leurs maîtres, car ils n'en avaient pas d'autres, les délégués défilèrent un à un

pour frotter leurs lèvres avec le sang écumant du porc, recueilli dans une grande écuelle de bois… L'état-major du soulèvement était formé… Comme il faudrait rédiger une proclamation et que nul ne savait écrire, on pensa à la souple plume d'oie de l'Abbé de la Haye, curé de Dondon, prêtre voltairien qui montrait une sympathie univoque pour les Nègres depuis qu'il avait lu la Déclaration des Droits de l'Homme. »

L'Abbé tendrait-il la main et prendrait-il la plume ? était la question brûlante qui se posait.

Finalement, une proclamation fut faite et la révolution lancée, avec ou sans la plume d'oie de l'Abbé.

CHAPITRE 8

Un autre pays

La mer talonnait la terre de sa houle puissante... Les gens dans les quartiers et les maîtres dans les grandes maisons vers la côte entendirent le grand lac et s'interrogèrent. Les maîtres se sentirent mal à l'aise mais à l'abri parce qu'il y avait les digues pour contenir dans son lit le monstre insensé. Les gens laissaient les maîtres s'occuper de penser. Si les châteaux se croyaient en sécurité, les cases ne devaient pas s'inquiéter.

ZORA NEALE HURSTON,
Their Eyes Were Watching God

Dans le roman visionnaire de Zora Neale Hurston paru en 1937, Janie Crowford et son petit ami, Tea Cake, un journalier, refusent d'évacuer leur petite et fragile maison à l'annonce d'un ouragan qui doit balayer les Everglades en Floride, pas loin de là où j'habite actuellement.

« Tout le monde en parlait cette nuit-là. Mais personne ne s'inquiétait, écrivait Hurston. Vous ne pouvez pas vous payer un ouragan quand vous gagnez sept ou huit dollars par jour. »

Il se trouve que vous pouvez, et d'autres désastres encore, même si vous gagnez moins que ça. Et si vous arrivez à survivre à l'ouragan, vous pouvez vous retrouver sans rien. Sans maison. Sans nourriture et sans eau. Sans soins médicaux pour les malades et les blessés. Et même sans sacs ou sans cercueils pour emporter vos morts.

Les Américains ont déjà fait l'expérience de ce scénario. Pas seulement dans la littérature prophétique ou les films apocalyptiques à succès, mais lors de catastrophes tout à fait réelles qu'ont vécues d'autres pays. Des catastrophes parfois réduites à un nombre limité d'images chocs, mais qui reviendront si nécessaire. Par exemple, des vagues de la taille d'un gratte-ciel balayant des foules en Thaïlande et en d'autres pays asiatiques dévastés lors des tsunamis de décembre 2004. Ou encore Sophia Pedro, la Mozambicaine, qu'en mars 2000 un hélicoptère militaire sud-africain sauva de l'arbre où elle avait trouvé refuge pendant trois jours et donné naissance à un bébé alors que les flots se déchaînaient sous elle. Sans oublier le passage de la tempête tropicale Jeanne, en Haïti, en septembre 2004, qui laissa sur son passage trois mille morts et deux cent cinquante mille sans-abri. Au cours de cette catastrophe, des malades se noyèrent dans leur lit d'hôpital. Des enfants virent leurs parents emportés par les eaux. Les survivants cherchèrent refuge dans les arbres et sur les toits tandis que des corps flottaient dans les eaux boueuses et souillées.

Je revis tout cela sur mon écran télé, cette fois dans les rues de La Nouvelle-Orléans à l'été 2005. Je ne pouvais m'empêcher alors de penser à la première réaction de l'administration Bush lors de la tempête tropicale Jeanne, l'année qui précéda Katrina à La Nouvelle-Orléans : soixante mille dollars d'aide et le retour dans les régions dévastées des Haïtiens qui s'étaient réfugiés aux Etats-Unis, avant même que les eaux se soient retirées. On savait qu'une horrible tragédie pouvait se produire à La Nouvelle-Orléans, mais elle n'intéressait personne et on l'avait soigneusement mise de côté. « Pov'hom a pas d'oit à la pa'ole », comme aurait dit le Tea Cake de Zora Neale Hurston.

Dans les semaines qui suivirent l'ouragan Katrina, en tant qu'écrivaine immigrante, habitant une ville côtière du sud, j'entendis beaucoup d'Américains de toutes origines géographiques, experts ou simples citoyens, affirmer que les horreurs qui se produisirent à La Nouvelle-Orléans après le passage de Katrina – le désespoir d'hommes et de femmes ordinaires qui amena certains à piller les magasins pour nourrir leurs familles, les hôpitaux oubliés où les infirmières devaient pomper à la main de l'oxygène à des mourants, les zones de triage de fortune sur les ponts et dans les aéroports, les bandes armées en maraude – que tout cela était ce qu'on attendait d'un pays du « tiers-monde », et pas du pays le plus avancé.

S'adressant au correspondant kenyan de CNN, Jeff Koinange, lors de l'émission *American Morning*, une semaine après le passage de Katrina à La Nouvelle-Orléans, la présentatrice Soledad O'Brien déclara : « Vous savez, on a parfois l'impression, en regardant les images de la catastrophe… que si vous coupez le son de la télé, si vous ne savez pas où vous êtes, vous pourriez vous croire en Haïti ou alors dans un de ces pays africains que vous avez l'habitude de couvrir. »

« Voir souffrir ainsi La Nouvelle-Orléans, sans pouvoir rien faire, jour après jour, choque une population abasourdie et furieuse, et encore plus traumatisée, écrit à son tour Nancy Gibbs, de l'hebdomadaire *Time*. Ce genre de choses se passe en Haïti, dit-on, mais pas ici. »

Pour ne pas être en reste, même les Canadiens s'y sont mis. Reprochant à ses concitoyens leur attitude moralisatrice vis-à-vis des Américains pauvres, Kate Heartfield du *Ottawa Citizen* ajoute néanmoins : « Ottawa n'est pas La Nouvelle-Orléans. Et elle n'est certainement pas Freetown ou Port-au-Prince. »

Il est difficile, pour ceux d'entre nous qui viennent de lieux comme Freetown ou Port-au-Prince, ou pour ceux, immigrants, qui ont encore des parents vivant à Freetown ou à Port-au-Prince, de ne pas se demander pourquoi le monde dit développé a un tel besoin de prendre ses distances avec nous, surtout lorsqu'une telle catastrophe montre à quel point nous sommes tous semblables. Les habitants des pays pauvres n'attendent pas beaucoup de leurs gouvernements et en général, ils ne sont pas déçus. Les pauvres des pays riches, cependant, devraient ne pas être pauvres du tout. Ils ne devraient même pas exister. C'est peut-être pourquoi leurs dirigeants et un grand nombre de leurs concitoyens ne se rendent même pas compte qu'en fait ils existent.

Ce n'est pas l'Amérique que nous connaissons, dit le chœur des journalistes de terrain qui, hantés par les visages et les voix des mourants, la puanteur des corps gonflés dans les rues de la ville le jour et les cris de ceux qui, bloqués dans les étages, appelaient à l'aide dans la nuit, constatèrent, avec tristesse et rage, l'absence de réponse immédiate. Leur fureur ne pouvait qu'alimenter la nôtre, parce que s'ils pouvaient le faire depuis La Nouvelle-Orléans, le Mississippi et l'Alabama et nous décrire, minute par minute, les ravages de l'ouragan et ses suites, pourquoi les agences gouvernementales étaient-elles incapables d'y aller ? En vérité, ce que ces premières nouvelles inquiétantes apportaient était un regard sur une Amérique qui ne peut pas toujours se payer un ticket de bus, et encore moins une automobile, où l'assurance maladie ou l'enseignement supérieur sont aussi abstraits qu'un rêve, où la pauvreté est un droit acquis à la naissance et pas un revers de fortune. Une Amérique qui continue de faire peur, l'Amérique des nécessiteux et des assistés, l'Amérique des sans-papiers, des sans-emploi et des sous-employés, des vieux et des infirmes. Une Amérique qui reste invisible jusqu'à ce qu'une révolte éclate et des coups de feu s'entendent, ou qu'un raz de marée se déchaîne avec une violence inouïe. Peut-être cette Amérique a-t-elle plus en commun avec le monde en voie de développement qu'avec le sien propre. Les pauvres et les exclus se trouvent partout condamnés à leur propre pays, où ils sont bien obligés de se débrouiller tout seuls. C'est pourquoi il est si facile de se retrouver réfugié dans ses propres frontières – parce qu'on perçoit l'utilité et la précarité d'une citoyenneté toujours mise en question, que ce soit en Haïti ou dans cette autre Amérique, celle où les gens ne sont pas assurés contre les inondations.

Je ne sais pas pourquoi certains Américains semblent toujours surpris que beaucoup de leurs concitoyens ne soient pas à l'abri d'horreurs qui touchent régulièrement une grande partie de la population mondiale. Après tout, nous partageons une planète dont le climat se dégrade régulièrement. Entreprises hasardeuses et politiques environnementales déplorables en sont en partie la cause et un jour, où que nous soyons, premier ou tiers-monde, nous serons tous impuissants devant des catastrophes comme la tempête tropicale Jeanne ou l'ouragan Katrina. N'oublions pas non plus la menace réelle d'attentats terroristes, comme celui du 11 Septembre, avec les mêmes effets sur les populations, des milliers d'individus jetés dans les rues ou dans les stades, et qui se demandent comment ils ont atterri là.

Les pauvres et les réfugiés sont en fait parfois mieux loin de leur environnement miséreux. Mais la pauvreté doit-elle les obliger aussi à vivre privés de leur foyer, de leur terre natale, de leur histoire, de leur mémoire ? Dans le cas de l'ouragan Katrina, est-ce réellement l'inondation qui a balayé ce privilège nuancé de décider où l'on veut construire sa vie, ou ce droit a-t-il été lentement retiré alors que nous étions déjà trop horrifiés pour y veiller ?

L'un des avantages d'être un immigrant, c'est que deux pays très différents sont forcés de se fondre en vous. La langue dans laquelle vous êtes né et celle dans laquelle vous mourrez probablement n'ont d'autre choix que de partager une place dans votre cerveau et de s'y mêler constamment. De même pour les catastrophes et les désastres qui, inévitablement, vous forcent à repenser les allégeances superficielles.

Peu après les attentats terroristes du 11 septembre 2001, Massoud Farivar, un ancien moudjahidine afghan qui avait en partie reçu son éducation dans une madrassa au Pakistan, écrivait : « En tant qu'Afghan, je n'ai jamais hissé le drapeau noir, rouge et vert de mon propre pays. Soudain, cependant, j'ai voulu savoir ce que c'était qu'être fier d'arborer un drapeau, je l'ai agité au passage des ambulances, des voitures de police et de pompiers. Ce serait ma façon de montrer ma solidarité avec les Américains. Ma façon de dire : nous sommes tous avec vous. Je suis avec vous. Je partage votre peine. »

« Je viens de ce qu'on appelle le tiers-monde », écrivait la romancière et chroniqueuse chilienne Isabel Allende, après le 11 septembre 2001, un jour qui marquait le vingt-huitième anniversaire du coup d'Etat soutenu par les Américains contre son oncle, Salvador Allende. Cependant, elle écrit :

> *« Jusqu'à très récemment, si quelqu'un m'avait demandé d'où je suis, j'aurais répondu, sans trop y réfléchir, de Nulle-part ; ou d'Amérique latine ; ou, peut-être : De cœur, je suis chilienne. Aujourd'hui, cependant, je dis que je suis une Américaine, pas simplement parce que c'est ce qu'indique mon passeport, ou parce que ce mot définit toute l'Amérique, du Nord au Sud, ou parce que mon mari, mon fils, mes petits-enfants, la plupart de mes amis, mes livres et ma maison sont en Californie du Nord ; mais parce qu'une attaque terroriste a détruit les tours jumelles du World Trade Center, et dès cet instant, beaucoup de choses ont changé. Nous ne*

pouvons pas être neutres à des moments de crise... Je ne me sens plus une étrangère aux Etats-Unis. »

Après l'horrible carnage du 11 Septembre, le monde ne s'est-il pas fait l'écho des sentiments de Massoud Farivar et d'Isabel Allende et n'a-t-il pas aussi déclaré, à travers les grands titres de la presse mondiale, que nous sommes tous des Américains ?

Du moins pour un temps.

Parmi les nombreuses réalités mises en lumière par l'ouragan Katrina, il y a celle que nous ne pourrons plus jamais nier : l'existence d'un autre pays dans ce pays, cette autre Amérique que les immigrants et le reste du monde peuvent connaître plus intimement que bien des Américains, l'Amérique qui est toujours au bord d'un désastre humanitaire et écologique. Non, ce n'est ni Haïti ni le Mozambique ou le Bangladesh, mais cela pourrait bien le devenir.

CHAPITRE 9

Retour au pays, en avion

J'avais toujours eu peur de l'avion. Non, je n'étais pas du genre passager hypertendu, ou qui refuse carrément d'y monter. Mais chaque fois, je ne dormais pas de la nuit qui précédait mon départ, mettais mes affaires en ordre, rangeais les papiers importants, nettoyais mon appartement. Pour le cas où « le pire » arriverait, me disais-je, je ne voulais pas que mes proches aient à trier mon linge sale – littéralement ou autrement –, laver ma vaisselle et mettre de l'ordre dans les piles de livres qui traîneraient par terre. De plus, mes nuits blanches se trouvaient toujours compensées par un vol qui me paraissait plus court, car je m'endormais immédiatement après avoir bouclé ma ceinture et ne me réveillais qu'une fois arrivée à destination.

Cette stratégie fonctionna bien pendant un temps, jusqu'à ce que je me mette à voyager régulièrement pour des raisons liées à mes activités littéraires. La fréquence de mes voyages passa de cinq ou six retours à Haïti par an, à des périodes qui pouvaient durer deux ou trois semaines, pendant lesquelles il m'arrivait de prendre un, et parfois, deux avions par jour.

Comment rendre ces longs vols supportables ? Je ne pouvais certainement pas rester éveillée la nuit si je voulais être relativement en forme pour mes interventions du lendemain. Aussi je décidai d'aborder ces vols d'une façon toute différente ; je n'allais plus les craindre, mais au contraire les considérer avec plaisir, comme des poches de vie, des expériences qui ne pouvaient se trouver ailleurs. Je me donnerais entièrement à cette « magie » d'être suspendue dans l'espace, entre ciel et terre, comme un oiseau, ou comme ce monte-en-l'air de Dédale et son fils Icare, qui s'étaient fabriqué des ailes de cire et de plumes pour s'évader de leurs prisons terrestres.

J'entrepris des efforts dans ce sens en organisant mes lectures pendant les vols. Sur certains, je ne lisais que des journaux et des magazines, traitant d'un événement particulier. Pour d'autres, je choisissais un court roman, et arriver à finir le livre au cours du vol me procurait la plus grande joie, comme si je venais d'effectuer une mission au-dessus de l'Atlantique avec Amelia Earhart.

Quand je ne lisais pas des livres, je m'occupais à lire les gens dont certains, dès qu'ils étaient dans l'avion, affichaient leur vie comme un écusson sur leurs manches : un couple en lune de miel, le cœur déchiré par quelques sièges qui allaient les séparer pendant le voyage, un gamin non accompagné qui sanglotait parce qu'il venait de quitter un parent pour rejoindre l'autre. Cela me faisait penser à Assotto Saint, poète et plasticien haïtien américain, qui détermina comme le moment le plus important de sa vie les heures qu'il passa en vol, alors qu'il avait quatorze ans et devait retrouver sa mère qu'il n'avait pas vue depuis plus de dix ans. Sur ce vol particulier, il écrivit plus tard : « Je voulais écrire un poème insouciant et heureux / sur mon enfance / perdue trop vite… / quelque part dans les airs / entre port-au-prince & new york / mais je me suis retrouvé sans voix. »

Moi aussi je me suis retrouvée muette devant des gestes d'attention qui se manifestaient dans les travées des avions. Dans un vol de Port-au-Prince à Miami, un Blanc assez costaud, un tatouage sophistiqué sur le bras, céda sans rechigner son siège côté couloir contre un plus étroit au milieu à un Haïtien nerveux désireux de s'asseoir près de sa gamine. J'ai vu aussi un jeune homme porter dans ses bras une vieille dame, arrivée à l'avion en fauteuil roulant et qui avait du mal à parvenir à son siège, et l'y installer gentiment.

Une fois, lors d'un vol très matinal de San Francisco à Miami, une femme assise deux rangs derrière moi eut une crise cardiaque. Je commençais à m'endormir, le hublot obscurci et une couverture sur la tête, quand une voix au micro demanda s'il y avait un médecin dans l'avion. Il se trouva qu'il y en avait plusieurs, parmi lesquels un homme aimable, les cheveux poivre et sel, qui prit immédiatement le contrôle de la situation, fit à la passagère un électrocardiogramme et une défibrillation avec les appareils de premiers secours qu'il y avait à bord, tout en interrogeant avec calme le mari et son jeune fils affolés sur ses antécédents médicaux.

Pendant qu'il l'auscultait pour savoir s'il fallait ou non atterrir d'urgence et la conduire à l'hôpital le plus proche, le médecin criait son nom, son âge et sa condition physique à l'hôtesse qui, à l'autre bout de l'allée, transmettait par téléphone les informations au pilote.

Le nom de la femme était Donna. Elle avait quarante-sept ans et était très mince. Pas du tout le genre de personne susceptible d'avoir une crise cardiaque. Son mari expliqua au docteur que, sous pression ces derniers temps à cause de son travail, elle avait négligé des douleurs à la poitrine pendant trois jours, les attribuant à autre chose. Sur la recommandation du médecin, le pilote décida d'atterrir.

Alors que nous descendions vers les montagnes enneigées de Salt Lake City, des passagers cédèrent leurs sièges pour que Donna puisse s'allonger. Certains aidèrent les hôtesses à ramasser rapidement tout ce qui traînait avant l'atterrissage d'urgence. Une communauté, comme une famille, est parfois le résultat d'un regroupement aléatoire. Alors que nous nous étions ignorés pendant tout le vol, on se regarda, mes voisins et moi, et on se fit des signes de tête pour la première fois. Parce que, d'un seul coup, nous faisions comme une sorte de village dans les airs, et l'un des nôtres était en danger.

Quand l'avion atterrit et l'équipe d'urgence monta pour s'occuper de Donna, l'un des infirmiers fit une plaisanterie en parcourant le couloir, disant que nous ne paierions pas de supplément pour cet arrêt spécial dans la si belle ville de Salt Lake City. Personne ne rit. Et, alors qu'on emmenait Donna, plusieurs des passagers serrèrent les mains de son fils et de son mari, leur disant qu'ils prieraient pour elle. Tandis que nous attendions de redécoller, j'entendis des bribes de conversations téléphoniques sur les portables, et les mots « désolé », « merci », « je t'aime ».

J'aime bien partir en fin d'après-midi ou en début de soirée. Sur ces vols, je m'imagine toujours à quoi doit ressembler l'avion pour un très jeune enfant qui le regarde d'en bas, sur la terre. Un point argenté qui file dans un ciel orange et alimente ses propres rêves d'évasion, comme ceux d'Assoto Saint et de tant d'autres. Je suis maintenant à l'intérieur de cet oiseau géant bordé de crépuscule et alors que j'approche de ma destination, je me retrouve dans un panorama de carte postale, formé de tous les lieux éclairés dans la ville où je vais atterrir, un parterre lumineux que des pilotes de combat qualifièrent de « vision divine ».

Pour les premiers vols du matin, je demande souvent un siège près du hublot, et si possible, au dernier rang. J'enlève mes chaussures et me laisse aller à la vibration des moteurs sous moi, qui produisent un bruit blanc fort mais apaisant. Tout en regardant par le hublot les premières lueurs de l'aube, j'ai souvent des rêves éveillés et contemple les mirages émerger des nuages denses haut dans le ciel. Un matin, j'avais cru voir Tante Ilyana – qui n'était jamais de sa vie montée dans un avion – marcher lentement vers moi sur les nuages. Une autre fois, j'avais cru repérer mon amie d'enfance Marie Maude Gédéon, morte d'un cancer rénal à l'âge de trente ans, faire joyeusement des cabrioles dans la brume céleste, vêtue de la robe de mariée dans laquelle elle avait été enterrée parce qu'elle était morte célibataire.

Ma peur m'est revenue quand, une nuit d'été, lors d'un vol entre Miami et New York, j'ai eu le sentiment que nous avions été sur le point de nous crasher. Alors que nous approchions de l'aéroport de La Guardia à New York, l'avion commença à piquer du nez comme s'il avait été absorbé par une force centrifuge. Je regardai par le hublot et soudain, les immeubles au sol semblèrent former une masse confuse. Tandis que l'avion était secoué en tous sens, les passagers se mirent à hurler, certains à l'aide, d'autres les noms de ceux qu'ils aimaient, et d'autres encore s'adressaient directement à Dieu. Finalement, la piste d'atterrissage apparut et les roues de l'avion semblèrent toucher le sol une première, puis une deuxième, puis encore une troisième fois, rebondissant comme un ballon à un match de basket géant. Puis l'avion reprit l'air.

Le silence se fit chez les passagers sidérés qui attendaient que le commandant de bord explique ce qui s'était passé.

Finalement, on entendit sa voix.

« Les amis, l'avion n'a aucun problème », déclara-t-il sobrement. Alors que nous tournions au-dessus de la ville où nous avions failli, semblait-il, nous écraser, le commandant nous assura que nous avions « seulement » été pris en cisaille par un vent contraire, une forte turbulence causée par un changement brutal de la direction du vent.

Le 10 septembre 2001, j'étais en avion avec ma mère, revenant d'un voyage de dix jours au Japon. Mon second livre, un ensemble de nouvelles titré *Krik ? Krak !,* venait juste d'y être publié, et j'avais été invitée à donner une série de conférences organisées par les ambassades américaine et haïtienne au Japon. Tout s'était très bien passé. En dehors des conférences, nous avions, ma mère et moi, fait les touristes et visité entre autres le fameux Mémorial de la Paix à Hiroshima. Lors du voyage de retour vers les Etats-Unis, cependant, j'étais pressée de rentrer chez moi. Le chez moi étant mon premier appartement à New Rochelle, New York, que j'appelais ma première colonie d'artiste, dans une ville qui m'avait appris la vraie valeur de la solitude de l'écriture, une ville où je ne connaissais personne. Le vol depuis Tokyo fut long et calme. Ma mère avait lu et relu le psaume vingt-trois. (Le SEIGNEUR est mon berger ; je ne manque de rien.) De temps à autre, elle interrompait sa lecture et s'émerveillait de la façon dont on était nourri, même à bord. Je la faisais marcher toutes les heures pour que le sang circule dans ses jambes.

Mon thème de lecture pour les deux vols était Wole Soyinka, tout ce que je n'avais pas lu du romancier, chroniqueur, poète et dramaturge nigérian. Nous avions une correspondance à Chicago pour New York, notre destination finale, et je m'attardai sur un de ses poèmes, « New York, USA », qui avait été publié une dizaine d'années auparavant.

Le contrôle fut arraché des mains de ton pilote
Et des tiennes, en plein Atlantique, infortuné voyageur
Rendu sourd par le dernier plongeon du moteur
À tout sauf aux échos désordonnés de tes pieds.

Un orage du soir nous força à tourner au-dessus de la ville pendant un certain temps, nous faisant atterrir beaucoup plus tard que prévu. Je passai la nuit chez mes parents, sans pouvoir dormir à cause du décalage horaire, et au matin, vers sept heures, je pris ma petite Toyota Echo pour New Rochelle. Il n'y avait pas trop de circulation. Bien meilleure conductrice maintenant, je me dirigeai avec assurance, par la force de l'habitude, vers Whitestone Bridge et les rues bordées d'arbres de New Rochelle, où les gens s'apprêtaient à partir au travail. Dans mon appartement peu meublé, je me traînai vers mon matelas à même le sol et m'endormis d'un sommeil profond.

Quand je me réveillai quelques heures plus tard, je branchai la télévision, espérant retrouver mon soap opéra de midi, mais la télévision ne marchait pas. Il y avait seulement de la neige, et pas de connexion. J'appris plus tard que la tour émettrice avait été détruite quand le premier avion avait percuté le World Trade Center à 8 h 45. Je n'avais pas le câble et, ignorant ce qui s'était passé, je retournai dormir. Je fus réveillée à 14 heures par la sonnerie du téléphone. Mon père avait tenté de me joindre plus tôt, mais le téléphone fonctionnait mal.

« Il y a eu un attentat au World Trade Center. Les tours n'existent plus. Des milliers de gens sont morts. »

Je voulus me précipiter chez mes parents, mais Whitestone Bridge était fermé et les trains ne roulaient pas. J'allais devoir vivre avec ces affreuses nouvelles pendant de longues heures à ne rien pouvoir faire, sans personne près de moi que j'aimais et pouvais toucher. J'étais seule et ma solitude d'écrivain, que je recherchais habituellement, ne m'était d'aucun secours. La femme d'un ami, qui avait pu s'échapper de la seconde tour, avait sous le choc temporairement perdu la parole. Ma cousine enceinte rentra du centre de Manhattan à Brooklyn à pied et sans chaussures. On n'avait pas de nouvelles de mon frère Karl, qui travaillait près de Grand Central Station. Cependant, je n'avais pas l'impression de connaître quelqu'un qui serait mort dans les tours, ou en Pennsylvanie, ou à Washington. A moins que ?

Le lendemain, je pus enfin quitter New Rochelle. Je pris le train pour Manhattan que je retrouvai plus sombre, plus silencieux, avec des affiches « RECHERCHE » sur tous les murs du métro et des sortes de mémoriaux aux coins des rues. Mes amis et ma famille étant saufs, je ne pouvais m'empêcher de penser qu'un jour je n'aurais peut-être pas autant de chance. Je pourrais être de ceux qui errent dans les rues, comme je le ferai près d'une décennie plus tard en Haïti lors d'une autre terrible catastrophe, me demandant comment on peut manger et dormir, et ne pas être à la recherche d'un père ou d'une mère, d'un fils ou d'une fille, d'un mari ou d'une femme. Je me sentais coupable aussi d'avoir dormi alors que tant de personnes et leurs proches avaient en fait connu la fin du monde. Que tant d'êtres ne s'éveilleraient jamais à nouveau me hantait. Je me sentais inutile et à court de mots. « Je n'ai pu écrire un mot », nota le poète américain d'origine palestinienne Suheir Hammad, peu après le 11 Septembre, « pas de poésie dans les cendres au sud de canal street ».

Un de ceux dont les cendres se trouvaient au sud de Canal Street était Michael Richards, sculpteur né aux Etats-Unis, d'origine jamaïcaine, qui s'était représenté en aviateur du premier groupe de pilotes noirs de Tuskegee, créé lors de la Seconde Guerre mondiale, dans une statue de bronze, le corps transpercé par des dizaines d'avions miniatures. Richards avait un studio au quatre-vingt-douzième étage de la première tour du World Trade Center, et s'y trouvait lorsqu'elle fut touchée par le premier avion à 8 h 45. Il avait passé la nuit à travailler, entre autres à une œuvre montrant un homme accroché à un météore qui plonge dans l'atmosphère. Richards était très intéressé par tout ce qui était aviation et s'en inspirait depuis de nombreuses années.

Je ne connaissais pas Michael Richards, étant à la fois terrifiée et intriguée par le folklore autour de l'avion. J'admirais son travail qui, parfois, paraissait être des représentations de personnages d'une littérature que j'aimais. Son aviateur transpercé de Tuskegee me faisait penser à l'agent d'assurances itinérant du *Chant de Salomon*, de Toni Morrison, qui avait écrit ce qui doit être l'un des plus éloquents billets d'adieu, et s'achève sur : « Mercredi 18 février 1931, je décollerai de Mercy et volerai avec mes propres ailes. Pardonnez-moi, je vous aime tous. »

Are You Down, de Michael Richards, une série de sculptures grandeur nature de trois aviateurs de Tuskegee abattus, me fait penser à la nouvelle de Ralph Ellison « De retour au pays », où un jeune pilote, blessé dans un accident aérien, médite sur sa vie vouée à l'amour des avions. *Winged* expose deux bras réunis garnis de plumes, comme des ailes. Ces bras étaient ceux de Michael Richards, des moulages en bronze qui font étrangement penser aux hommes et aux femmes des tours qui se jetèrent dans le vide le 11 Septembre, battant des bras comme s'ils essayaient de voler.

Michael Richards savait-il *comment* il allait mourir ? Avait-il senti que son propre corps symboliserait un jour, d'une certaine façon, ceux de tant d'autres ? Peut-être était-il doté de clairvoyance, d'un don de double vue ? On espère seulement que, comme les vieux Africains, se souvenant soudain qu'il avait la grâce de voler et voyant les avions se diriger vers lui, il sauta hors de son corps terrestre et s'envola. De toute façon, il devait certainement savoir, comme nous le sentons tous d'instinct, que nous devons mourir et quelle qu'en soit la date, ce sera toujours un jour, une semaine, un mois, une année, une vie entière trop tôt.

« Le poète donne au monde la transparence du verre et nous permet de voir les choses telles qu'elles sont, dans leur ordre et leur déroulement, écrivit Ralph Waldo Emerson. Car grâce à cette meilleure perception, il se tient au plus près des choses et perçoit le tempo ou la métamorphose… ce qui, en chaque créature, est une force qui le pousse à atteindre un plus haut niveau. »

Michael Richards était un poète du bronze et de la pierre. Il était le sculpteur des espaces privés et des jardins publics, sauf que ses jardins étaient délibérément couverts de goudron et de cendres. Sa mort n'était pas plus tragique que celle des trois mille autres, qui laissaient aussi des empreintes de doigts sur des verres à moitié pleins et des traces de rouge à lèvres sur des cols et des cheveux sur des brosses et des peignes, mais il laissait derrière lui quelque chose qui parlait non seulement pour lui, mais aussi pour tous les autres.

« Il se réveilla un jour selon son habitude, avant l'aube, et vit le jour se lever, aussi grand que l'éternité d'où il venait, écrivait Emerson d'un sculpteur de sa jeunesse, et pendant plusieurs jours, il s'efforça d'exprimer cette tranquillité, et voyez ! son ciseau avait façonné dans le marbre l'ébauche d'un beau jeune homme. »

Le sculpteur d'Emerson avait extrait la jeunesse du marbre. Michael Richards s'était pris comme modèle pour figurer un homme mourant dans les plus grandes souffrances. Il avait fait la jonction entre le guerrier européen Sébastien et l'astucieux illusionniste afro-américain Tar Baby, en nommant sa statue au corps percé d'avions *Tar Baby vs. Saint Sebastian*. Il n'avait pas sculpté une, mais deux statues de *Tar Baby vs. Saint Sebastian*, dont une disparut avec lui dans les tours, et la deuxième fut retrouvée entreposée dans le garage d'un de ses cousins.

Michael Richards était né à New York, mais il avait grandi à Kingston, en Jamaïque. Jeune homme, il revint à New York, ce qui fit de lui un Américain qu'on appela souvent un immigrant. Dans la nécrologie de Richards dans *The Independent*, le critique d'art Adrian Dannat écrivait : « Contre les souhaits de sa famille jamaïcaine, Richards était devenu un artiste, une profession extrêmement rare dans une société bourgeoise obnubilée par la réussite financière. » Son ami, le conservateur de musée Mokhtar Kocache, confia au *Village Voice* que l'œuvre de Richards représentait « des hommes qui demeuraient étrangers et non reconnus, évoquant ses propres problèmes existentiels d'homme noir, d'artiste et d'immigrant ».

« Les plus grands esprits du monde n'ont cessé d'explorer le double sens, ou devrais-je dire le quadruple, ou le centuple, ou plus encore, de toute réalité sensuelle », écrit Emerson dans son essai *The Poet*. Car nous ne sommes ni des pions ni des brouettes, ni même des porteurs de feu ou de flambeaux, mais les enfants du feu, faits de feu. »

Michael Richards était un enfant du feu. Il s'était souvent représenté ainsi, utilisant son corps, encore et encore, comme modèle.

Dans *De retour au pays*, de Ralph Ellison, un vieil homme demande à Todd, le jeune pilote : « Fiston, dis-moi pourquoi t'as voulu voler tout là-haut.

— Parce que, répond Todd, c'est une façon comme une autre de se battre, une façon comme une autre de mourir. »

Cela conduit Todd à penser qu'il fut un temps dans son enfance où il surveillait le ciel pour voir passer des avions, pensant qu'il pourrait peut-être en attraper un et le garder. Même si ces avions servaient à balancer des prospectus racistes débordant de haine, cela ne diminuait en rien son admiration.

« On voyait l'avion monter en spirale gracieusement, luisant au soleil comme une épée enflammée. Le voyant planer, il se sentait prisonnier, pris entre une horreur terrible et une horrible fascination », écrivait Ellison.

Incapable d'accepter la dure réalité d'une mort brutale, j'aimerais croire que Michael Richards connut ce moment où il se trouva à la fois exalté et hypnotisé par son – notre – horrible fascination. Et qu'il put, le temps infime d'une pause, murmurer : « Je m'envolerai… et volerai de mes propres ailes. »

CHAPITRE 10

Les esprits accueillants

C'est une interview savoureuse, dont une partie vit encore dans le cyberespace via un clip sur YouTube. L'historien d'art Marc Miller interroge sur ses racines le jeune artiste de vingt et un ans, graffiteur, peintre, musicien et un temps star de cinéma, Jean-Michel Basquiat.

« Vous êtes quoi ? demande Miller. Haïtien-Portoricain ?

— Je suis né ici, répond Basquiat, mais ma mère est une Portoricaine de la quatrième génération. Mon père est originaire d'Haïti.

— Sentez-vous que c'est de là que vient votre art ? continue Miller.

— Génétiquement ? interrompt Basquiat.

— Ouais, dit Miller. Génétiquement ou culturellement ?

— Culturellement ? demande Basquiat, comme s'il se posait lui-même la question. Oui. Je suppose.

— Haïti est bien sûr connue pour son art, ajoute Miller.

— C'est pourquoi j'ai dit génétiquement, répond Basquiat avec une certaine impatience, en détournant les yeux, parce que je n'ai jamais été là-bas. Et j'ai grandi avec, vous savez, les grands espaces vides américains. La télévision surtout.

— Pas de primitifs haïtiens sur vos murs ?

— A la maison ? demande Basquiat, relevant dans la voix de Miller une trace de sarcasme et jouant le pied de la lettre. Des primitifs haïtiens ? Vous voulez dire quoi ? Des gens ? Des gens qui seraient cloués sur mes murs ?

— Je veux dire des peintures, répond Miller, avec un petit rire. Des peintures.

— Non, non, non, réplique Basquiat. Juste, vous savez, les gravures qu'on voit dans toutes les maisons en Amérique. Enfin, dans certaines maisons en tout cas. Rien de spécial, vraiment. »

Si le jeune Basquiat avait eu des primitifs haïtiens sur ses murs – en peinture ou autrement – l'un d'eux aurait pu être le peintre et prêtre vaudou haïtien Hector Hyppolite, un père spirituel.

La légende raconte que, tout jeune homme, un esprit vint en rêve à Hector Hyppolite et lui dit qu'un jour il serait un artiste célèbre. Né dans une famille de prêtres vaudou, Hyppolite connaissait bien les esprits, comme les esprits le connaissaient. En attendant que cette prophétie se réalise, Hyppolite partit pour Cuba travailler dans les champs de canne à sucre, puis pour l'Ethiopie dans un cargo, et plus tard, quand il revint en Haïti, il travailla comme apprenti chez un cordonnier, se mit à peindre des temples vaudou, des maisons et des meubles, et à dessiner des cartes postales qu'il vendait aux Marines des troupes d'occupation américaines, puis il finit par peindre la porte du bar qui allait changer sa vie.

En 1943, l'aquarelliste américain Dewitt Peters traversait avec un ami, le romancier haïtien Philippe Thoby-Marcelin, le village touristique de Montrouis quand ils remarquèrent les oiseaux et les fleurs aux couleurs vives peints sur la porte du saloon « Ici la Renaissance ». Peters s'apprêtait à ouvrir une école d'art et une galerie (Le Centre d'Art) à Port-au-Prince et était à l'affût de tels talents. Hector Hyppolite se vit offrir la possibilité de s'installer dans un quartier relativement bourgeois de Port-au-Prince afin de se concentrer sur son art, mais il préféra vivre dans un bidonville au bord de la mer, appelé le Trou de Cochon, où il s'occupait d'un temple vaudou et d'un chantier de construction de bateaux, et en l'espace de trois ans il produisit pas moins de six cents toiles.

Les premiers fans et collectionneurs d'Hyppolite sont célèbres. André Breton déclara qu'Hyppolite allait révolutionner l'art moderne. Le danseur et chorégraphe Geoffrey Holder créa un ballet inspiré par sa vie, que l'Alvin Ailey Dance Company continue de jouer. Le jeune Truman Capote, dans un article de décembre 1948 dans le magazine *Harper's Bazaar*, se répandit en compliments sur son travail, tout en qualifiant l'artiste de laid comme un singe camé.

Hyppolite semble avoir été mieux traité par le collectionneur américain Selden Rodman, qui travaillait avec Dewitt Peters et voyait souvent Hyppolite au Centre d'Art. Rodman aurait pu aussi bien décrire le jeune Basquiat quand il écrivait sur Hyppolite : « Ses cheveux frisés étaient partagés par une raie au milieu et rasés autour des oreilles, tandis qu'ils s'épanouissaient en désordre sur les côtés comme une couronne poussiéreuse magnétisée… Etait-il le descendant de ces peintres sur sable arawaks qui avaient inspiré le vèvè ? »

Le *vèvè* est un dessin cérémoniel, un emblème tracé pour appeler les esprits. Il est souvent dessiné sur le sol, avec des cendres et des grains de maïs, avant les cérémonies vaudou. Chaque esprit vaudou ou *lwa* – *loa* dans les textes anciens – est identifié par un *vèvè* particulier. Le *vèvè* de la déesse de l'amour, Erzulie Freda, est en général un cœur. Le *vèvè* de Baron Samedi, le gardien du cimetière, est une croix sur une stèle funéraire. Ogoun, le dieu de la guerre, est représenté par des carrés qui s'imbriquent, ce qui fait penser à un bouclier protecteur. Legba, le maître des carrefours, marque la croisée des chemins avec des signaux routiers particulièrement embellis. Les dessins *vèvè* sont en général éphémères – ils s'effacent sous les pieds lors des cérémonies – sauf quand ils sont cousus sur les drapeaux pailletés du cérémonial, qui débordent à présent tellement leur cadre rituel que l'industrie de la mode les a récupérés pour décorer des sacs ou des vêtements. Comme certaines des premières œuvres d'Hyppolite, quelques dessins et tableaux de Jean-Michel Basquiat rappellent les *vèvès*.

L'enfance de Basquiat, né à Brooklyn, New York, douze ans après la mort d'Hyppolite, n'aurait pu être plus dissemblable, tout comme sa mort. Hyppolite était né dans un coin misérable d'une zone rurale d'Haïti. Basquiat appartenait à une famille immigrée de classe moyenne de l'Amérique urbaine. Alors que les rapports d'Hyppolite avec l'art se limitaient à de la décoration – la peinture avec des couleurs vives de maisons, de temples vaudou, de loges maçonniques, de bateaux et de camions appelés tap-taps – Basquiat fréquentait régulièrement les musées avec sa mère et, si l'on en croit le film de Julian Schnabel sur lui, Basquiat enfant vit sa mère pleurer devant le tableau de Pablo Picasso *Guernica*, tandis qu'une couronne en or apparaissait sur la tête du jeune garçon comme un halo. Basquiat possédait déjà une carte d'entrée pour le musée de Brooklyn et absorbait l'art comme un vampire. Mais vite lassé et obsessionnel, il quitta, encore au collège, la maison familiale et vécut dans les rues de Manhattan, où il passa à la consommation de drogues dures et se mit à écrire des phrases sibyllines sur les murs de la ville.

Comme Hyppolite, Basquiat fut extraordinairement prolifique durant sa courte carrière, et avant de se mettre vraiment aux toiles, tous les deux utilisèrent toutes sortes d'outils et de surfaces, de la peinture à la bombe (Basquiat) aux plumes de poulet (Hyppolite), portes (Basquiat et Hyppolite), cadres de lit (Hyppolite), casques (Basquiat) et matelas (Basquiat). On ignore si des rêves mystiques l'avaient mené à cette conclusion, mais Basquiat adolescent avait dit à son père haïtien qu'il serait « très, très célèbre un jour ».

Parce qu'il fut toute sa vie *sèvitè*, un adepte du Vaudou, Hector Hyppolite, plus vieux et plus mûr – il avait quarante-quatre ans lorsqu'on le « découvrit » – vit son art comme un don des *lwas* et tenta soigneusement d'équilibrer exigences et récompenses. La toile n'était, pour Hyppolite, rien qu'un espace différent sur lequel il servait les *lwas*, et quand il le faisait bien, ils le récompensaient en lui donnant des idées pour ses peintures.

Plus tard, en pleine gloire, Hyppolite continuera de consulter les esprits, demandant leur consentement pour rester un artiste, d'autant que l'intensité de son art faisait qu'il avait de moins en moins de temps à consacrer à son activité de prêtre vaudou, ou *hougan* (*ougan* dans le créole d'aujourd'hui).

« Je n'ai pas pratiqué le Vaudou [qui s'écrit aussi Vodou] pendant un temps », confia-t-il à Selden Rodman, lors d'une visite du collectionneur à sa cabane au sol couvert de poussière et au toit de palmes. « J'ai demandé aux esprits la permission de cesser mon travail de hougan pour me consacrer à mes peintures... Les esprits ont accepté que j'arrête mon travail pour un temps. J'ai toujours été un prêtre, comme mon père et mon grand-père, mais maintenant je suis plus un artiste qu'un prêtre. »

Maya Deren écrivit dans *Divine Horsemen : The Living Gods of Haiti*, que dans une religion collective comme le Vaudou, « pour créer une expression physique (que ce soit une peinture ou un battement de tambour)... il faudrait à la fois être un saint et un génie artistique. »

Pourquoi ?

Parce que, selon Deren, « la virtuosité est du domaine de la divinité. Seul les loa sont virtuoses ».

Le croyant aussi, bien qu'étant l'artiste haïtien le plus célèbre de son temps, Hector Hyppolite peignait comme s'il était ce que Maya Deren qualifiait d'inventeur anonyme, un membre d'un collectif dirigé par les dieux.

Même s'il n'avait jamais évoqué d'influence directe, Basquiat était certainement conscient, sinon de celle d'Hyppolite, certainement de celle d'Haïti. On interrogea probablement Basquiat sur Haïti autant que sur Porto Rico et le continent africain, à propos duquel il dit à Demosthenes Davvetas de *New Art International* : « Je n'ai jamais été en Afrique. Je suis un artiste qui a été influencé par son environnement new-yorkais. Mais j'ai une mémoire culturelle. Je n'ai pas besoin de la chercher, elle existe. Elle est là-bas, en Afrique. Cela ne veut pas dire que j'ai besoin d'y aller vivre. Notre mémoire culturelle nous suit partout, quel que soit l'endroit où l'on vit. »

C'est peut-être d'une telle mémoire culturelle que nombre des peintures de Basquiat liées à Haïti relèvent, des toiles comme *Untitled 1982*, où le mot HAITI est écrit en caractères gras. Au-dessus du mot HAITI se trouve un visage en partie masqué et la couronne, signature de Basquiat, flottant sous le mot LOANS, des dûs, mettant l'accent sur les dettes massives d'Haïti et traçant leur histoire du conquistadore Hernán Cortés à Napoléon Bonaparte, dont le prénom est rayé, pour être remplacé par celui, souligné, d'un des leaders de la révolution haïtienne, Toussaint L'Ouverture. Même le choix de Basquiat de l'orthographe que L'Ouverture avait adoptée – plus souvent écrit « Louverture » – fait de L'Ouverture un personnage proche de Legba, le maître des carrefours, « l'ouverture », par qui nous entrons. Près du mot HAITI dans le tableau est le mot SALT, le sel qui est, selon la légende haïtienne, ce qu'on donne aux zombis afin de les libérer de leur asservissement perpétuel, et d'en faire à nouveau des humains.

Toussaint L'Ouverture réapparaît avec un chapeau noir et une épée dans son tableau de 1983 *Toussaint L'Ouverture vs. Savonarola.* Là Basquiat engage le Spartacus noir pour combattre le prêtre italien qui condamna au bûcher l'art dit immortel. Qui gagne cette bataille dans l'esprit de Basquiat ? Peut-être un jour cette peinture inspirera-t-elle une sorte de jeu vidéo d'avant-garde ?

Haïti, avec Porto Rico et le continent africain, était de façon évidente dans la conscience de Basquiat et dans son ADN, mais les trois n'étaient pas venus d'eux-mêmes. Basquiat n'appartenait à aucun collectif particulier. Il empruntait et évoluait en toute liberté entre plusieurs traditions culturelles et géographiques. Comme beaucoup d'autres Américains, appartenant à un mélange de cultures, de première ou de seconde génération, son courant était fluide. Basquiat avait l'esprit à la fois symbiotique et syncrétique, à la façon des peintures vaudou d'Hector Hyppolite, qui mêlaient le catholicisme européen et les rites religieux africains pour les adapter à un monde rendu neuf par la vision de l'artiste, en l'occurrence pour Hyppolite et Basquiat, des visions.

En étudiant de près l'influence haïtienne dans l'œuvre de Basquiat, on pourrait identifier Ogoun dans son personnage brandissant la flèche ou un tribut à Baron Samedi et à Erzulie dans son cœur couvert de crânes et de croix. Mais même si c'est indéniablement juste, même si Basquiat, comme Hyppolite, voulait dessiner des *vèvès* et autres hommages aux *lwas*, il essayait aussi de repousser les fantômes, comme le jeune homme triste et effrayé de la peinture de ce nom. Un jeune homme qui a l'air presque coupé en deux, portant une croix (ou est-ce une *ankh*, une grande croix avec une boucle au bout, symbole de la vie éternelle ?) autour de son cou, tandis qu'il s'appuie sur la canne d'un vieil homme, tel Legba, le gardien, le *lwa* qui se tient entre le monde des esprits et celui des mortels, le dieu qui se tient aux intersections physiques et spirituelles, celui à qui on doit dire pour traverser sans problèmes : « Papa Legba, je te prie, donne-moi passage, ouvre les portes pour moi. »

Le bas du corps du jeune homme dans *To Repel Ghosts (Repousser les esprits)* serait un cœur qui n'a pas été achevé. Appartient-il à Erzulie, la déesse haïtienne de l'amour, qui demande souvent un mariage rituel aux hommes qui s'engagent, mariage auquel Hyppolite se serait aimablement soumis au contraire de Basquiat ? Hector Hyppolite n'aurait jamais cherché à repousser les esprits. Il les accueillait naturellement. Ils l'avaient choisi, l'avaient inspiré. Ils nourrissaient son art. Peut-être auraient-ils pu faire de même pour Basquiat, mais quelque chose se serait perdu dans la traduction et il n'aurait pas été en mesure de les reconnaître ou de les comprendre.

Basquiat mourut d'une overdose en 1988 à l'âge de vingt-sept ans. Peut-être que s'il avait vécu, il aurait appris à fréquenter ce genre de fantômes, en plus de tous ceux qui le hantaient. Nous n'avons pu voir, par exemple, comment son bref, et tellement souhaité, voyage en Côte d'Ivoire aurait transformé son travail.

Peut-être aurait-il changé son style, un peu (ou pas), ou de direction, en devenant, comme il l'avait confié à ses amis, le poète qu'il désirait être. Hyppolite aussi aurait pu changer de style ou de direction s'il n'était pas mort d'une crise cardiaque en 1948, à l'âge de cinquante-quatre ans. Qui sait où les esprits les auraient conduits tous les deux ? Ou peut-être avaient-ils accompli leur mission et n'avaient-ils plus rien à faire, à dire ou à créer.

Dans le Vaudou, on croit que lorsque quelqu'un meurt, il retourne à Ginen, la terre ancestrale à laquelle nos pères avaient été arrachés pour être amenés dans le Nouveau Monde comme esclaves. Ginen représente toute l'Afrique, un seul nom pour un continent idéologique qui, s'il ne peut accueillir les corps de ses enfants perdus, est plus qu'heureux de recevoir leurs esprits. Dans le Vaudou, on croit aussi que la possession, la transe, est une possibilité donnée aux esprits de parler aux mortels, et la personne qui est en transe, ou possédée, devient le réceptacle, le *chwal*, cavalier – ou cavalière – divin, par lequel l'esprit parle. Basquiat et Hyppolite étaient tous deux dans une sorte de transe, des cavaliers divins, possédés, comme leur hyperproductivité le montre, par des esprits qu'ils s'apprêtaient à accueillir ou à repousser. La possession, cependant, n'est pas supposée durer toute une vie. Ni le corps ni l'esprit ne pourraient la supporter ou la nourrir.

Peut-être Basquiat savait-il tout cela déjà. Quand Marc Miller l'interrogea sur les primitifs haïtiens qui auraient dû être accrochés à ses murs, peut-être Basquiat ne pouvait-il penser qu'au primitif dans le miroir, l'inventeur anonyme qui avait été arraché de l'obscurité et transformé en dieu seulement pour continuer d'être jugé grossier, naïf, sauvage, et plus tard même comme « un primitif de Madison Avenue », comme le qualifia, le 9 novembre 1992, l'article d'Adam Gopnik dans le *New Yorker*. Disparu désormais, sauf dans ces formes et silhouettes sans doute mal comprises, peut-être le primitif de Madison Avenue se trouve-t-il à côté du primitif du Trou de Cochon, sinon dans les chambres fortes d'un collectionneur, du moins dans leur ancestrale et commune Ginen, ou encore, dans des reproductions bon marché punaisées au mur de quelque jeune artiste.

CHAPITRE 11

Acheïropoïetos

Le 12 novembre 1964, après l'exécution de Marcel Numa et de Louis Drouin et alors que leurs corps avaient été emportés, au Palais national, disait-on, pour être personnellement inspectés par François « Papa Doc » Duvalier, un jeune garçon dégingandé de treize ans, qui s'était tenu en arrière de la foule, à distance des fortes détonations des fusils du peloton, s'avança alors que les spectateurs et les soldats se dispersaient. Il se dirigea vers les poteaux criblés de balles, se pencha vers le sol de terre battue gorgé de sang et ramassa les lunettes que Louis Drouin avait portées.

Le jeune garçon, Daniel Morel, ne garda qu'un instant les lunettes avant qu'elles lui soient arrachées par un autre gamin, mais en les prenant dans ses mains, il avait remarqué des petits morceaux de cervelle de Drouin éparpillés sur les verres fêlés. Peut-être, s'il les avait gardées, les aurait-il nettoyées et mises sur son nez pour essayer de voir le monde de la façon dont il s'était reflété dans les yeux du mort. Souvent en Haïti, les yeux de la victime d'un meurtre sont énucléés par les assassins parce que l'on croit que même après la mort, la dernière image que la victime a vue reste imprimée sur sa cornée, aussi distinctement qu'une photographie.

Avant d'assister à l'exécution de Marcel Numa et de Louis Drouin, Daniel Morel n'était pas particulièrement intéressé par les yeux des morts. Comme n'importe quel jeune garçon, il aimait faire de longues marches dans Port-au-Prince et jouer au foot avec ses copains. Il travaillait parfois dans la boulangerie de son père et essayait de grimper dans les trains de marchandises d'Haïti, qui apportaient les cannes à sucre des champs au sud de Léogâne jusqu'aux usines de fabrication de sucre de Port-au-Prince. Mais l'exécution changea tout.

Le lendemain, il passa devant le studio d'un photographe, près de la boulangerie de son père, et vit sur les panneaux des portes ouvertes les photos agrandies des corps de Marcel Numa et de Louis Drouin, exposées dans le but de dissuader les éventuels opposants du pays. Ces photos restèrent accrochées là et ailleurs pendant des semaines. Le jeune Daniel Morel passait régulièrement devant, et même s'il avait assisté à l'exécution, il les voyait chaque jour comme pour la première fois et n'arrivait pas à en détourner son regard.

« C'est alors que j'ai décidé de devenir reporter photographe », se souvint Daniel, plus de quarante-cinq ans plus tard, chez moi, assis à la table de ma salle à manger à Miami, dans le quartier de Little Haiti.

Nous nous étions rencontrés près de dix ans auparavant alors que je me trouvais en Haïti avec quelques amis journalistes américano-haïtiens. C'était la Toussaint, et nous étions allés au cimetière national de Port-au-Prince pour regarder des gens qui chantaient, dansaient et priaient en groupe pour honorer leurs morts.

Personne ne sait exactement où Numa et Drouin sont enterrés, donc je sais que les chants et les prières de ce jour-là au cimetière ne leur étaient pas destinés. A partir des photos, j'avais essayé, en parcourant les étroites allées entre les mausolées et les tombes, de déceler le lieu où ils avaient été exécutés. Un mur de ciment craquelé et couvert de graffitis près de l'entrée principale pourrait l'être, à mon avis, un mur qui sépare le cimetière d'un quartier très animé et d'un ravin plein de détritus.

J'ignorais, lorsque nous nous sommes rencontrés, ce qui liait Daniel Morel à Numa et à Drouin. Et il ignorait l'intérêt que je leur portais. En fait, nous ne nous étions même pas parlé parce qu'il était occupé à prendre des photos. Je découvris qu'il avait assisté à l'exécution lors d'une de ses expositions à New Paltz, à New York, à l'automne 2006.

« J'ai tout de suite voulu être photographe afin de rendre compte de l'histoire d'Haïti », avait-il déclaré ce jour-là.

Lors d'une conversation plus poussée chez moi, il ajouta : « Il n'y avait pas de photographies récentes ou parlantes dans les livres d'histoire lorsque j'étais gamin, à l'école. Pour ces livres, l'histoire haïtienne s'achevait en 1957, avant que François "Papa Doc" Duvalier prenne le pouvoir. En photographie, l'histoire est quelque chose qui est arrivé dix minutes plus tôt. La photographie raconte la vie, le mouvement, mais aussi renseigne sur l'histoire et la mort. »

« La photographie est un art élégiaque, écrit la romancière et essayiste Susan Sontag dans son ouvrage *La photographie*. Toutes les photographies sont des *memento mori*. » Ce qui nous rappelle, comme Roland Barthes l'explique dans *La Chambre claire*, que tôt ou tard le sujet n'existera plus.

« Prendre un cliché, poursuit Sontag, c'est participer à la vulnérabilité, à la nature instable et mortelle d'un être ou d'une chose. En découpant dans le vif et en gelant l'instant qui passe, chaque photographie porte témoignage de la fuite impitoyable du temps. »

Daniel Morel a essayé de capter la fuite impitoyable du temps en Haïti depuis qu'il a vu mourir Marcel Numa et Louis Drouin. Ses images, immédiatement reconnaissables, diffusées depuis quinze ans par les agences de presse partout dans le monde, sont faites de matière brute, saisissantes, urgentes, effrayantes, comme des cris dans un cauchemar sans fin. Il n'épargne ni les sujets ni ceux qui les regardent, pas plus que la vie ne les épargnerait. Il est un témoin, mais à peine présent. On a presque le sentiment que les photographies se prennent d'elles-mêmes, parce qu'elles montrent des scènes qui ne pourraient, nous semble-t-il, se passer devant témoin : mordre un doigt qui a été coupé, mettre le feu à un tas de corps.

Des enfants dans une détresse silencieuse – comme Daniel et tant d'enfants avaient dû l'être en voyant Numa et Drouin mourir – apparaissent souvent dans son œuvre. Ils portent des objets lourds, des blocs de ciment, des seaux. Ils semblent être des nains devant des montagnes de détritus ou bien sont entassés dans des salles de classe minuscules. Ils soutiennent les têtes ensanglantées de leurs camarades mortellement blessés dans les rues. Et au milieu des corps qui débordent des chariots, on voit pendre une jambe, comme si elle cherchait à rejoindre la terre dans laquelle personne ne peut les enterrer décemment.

Morel, aujourd'hui un homme mûr, barbu, aux cheveux grisonnants, qui s'exprime avec douceur, explique que durant la dictature Duvalier, personne n'avait le droit de circuler avec un appareil photo devant le palais présidentiel. On risquait d'être pris pour un espion et de se faire tirer dessus. Les photos, sauf celles utilisées pour effrayer et pour la propagande, étaient réalisées à la maison ou dans des studios professionnels. Les gens s'installaient devant l'appareil et prenaient des poses, ils cherchaient à paraître pensifs ou satisfaits. Morel voulait reprendre à l'Etat le pouvoir des photos de propagande et le rendre aux sujets, mais il ne put le faire avant de quitter Haïti, à l'âge de dix-sept ans.

Pour son premier reportage photographique, alors qu'il était en fac à Hawaï, son sujet fut un cours de cuisine. Pour le second, il photographia l'ancien président Jimmy Carter, qui visitait Hawaï. Cerné par une armée de photographes, Daniel fut séduit par le concert des déclics et des flashes autour de lui, que Roland Barthes appelle « le son vivant » du photographe et auquel Daniel Morel se réfère comme au « clac clac clac clac » de la scène.

Les images photographiques non personnelles qu'il a souvent en tête, quand il travaille, sont la mort de Marcel Numa et de Louis Drouin, l'assassinat de John

F. Kennedy, les plans de la scène télévisée où Jack Ruby tire sur Lee Harvey Oswald, qu'il vit, tout jeune, dans les pages de *Paris Match*. Il fera plus tard des photos semblables et s'attirera des critiques sur sa tendance à n'exposer que le côté le plus dur, le plus violent, de la vie d'Haïti.

« Beaucoup de gens voient mes images, dit-il. Ils me disent "tu donnes aux autres une mauvaise opinion du pays". Ils disent parfois que mes photos sont trop négatives. Ils sont choqués par elles, mais c'est exactement la réaction que je veux provoquer. Je ne salis pas Haïti, ni ne la dénigre. Je montre simplement aux gens la façon dont les choses se passent, parce que s'ils arrivent à la voir telle qu'elle est de leurs propres yeux, alors ils feront quelque chose pour changer la situation. »

En 1980, Daniel quitta Hawaï pour Haïti. Il voyagea dans le pays en photographiant les mariages et les enterrements. Il commença à prendre des photos de presse sur les événements qui se passaient à la fin de la dictature Duvalier, en 1986, quand les rues étaient jonchées de cadavres des anciens sbires. Il travailla pour plusieurs journaux haïtiens et en freelance pour des journaux étrangers, puis pour des agences de presse.

En 2004, après le second départ du président Jean-Bertrand Aristide et une tragédie personnelle – sa femme fut attaquée et tuée par un chien de garde – il quitte Haïti et se réinstalle aux Etats-Unis, où il a eu du mal à vivre comme photographe. Maintenant, en vieil immigrant, il trouve qu'il est encore plus difficile de reconstruire sa vie et sa carrière.

« Je n'ai plus de pays maintenant, dit-il. Je ne peux pas vivre en Haïti et je ne peux pas vivre aux Etats-Unis. En Haïti, ils m'appellent *jounalis la, atis la*, le journaliste, l'artiste. Ici, j'ai l'impression que je ne représente pas grand-chose. »

Il ne s'apitoie pas sur son sort. Il a vu bien trop d'horreurs pour cela. Ce qu'il voudrait, c'est inventorier cette période de sa vie, plan par plan, jour par jour.

Huit mois avant que nous nous rencontrions à Miami, il commença à perdre son équilibre, puis il tomba et se heurta la tête si fort qu'il ne se souvient pas de la chute. Il eut une commotion cérébrale et des saignements internes, et quand on l'envoya à l'hôpital pour une IRM, on lui découvrit une tumeur bénigne au cerveau. Avant toute opération, on dut lui faire des transfusions. Il resta dix-neuf jours dans un hôpital de Nouvelle-Angleterre et photographia à longueur de journée, de la fenêtre de sa chambre, le gel et les levers et les couchers de soleil étonnants de l'hiver. Parfois un moineau se montrait à la fenêtre et donnait des coups de bec vers lui. Il pensa que ce moineau était l'esprit de sa femme décédée. Bien qu'il ait été incapable de photographier le corps de sa femme morte, il photographia le moineau, voyant en cet oiseau une occasion d'apporter un peu de beauté à une horrible tragédie. Durant son séjour à l'hôpital, il photographia le personnel en activité. Il plaça des miroirs au-dessus de sa tête pour se photographier en train de se photographier. Avant son opération, il demanda aux chirurgiens de photographier son crâne ouvert et sa cervelle exposée, une photo qu'il me montra plus tard.

Etait-ce, lui demandai-je, en dirigeant l'appareil vers lui, une façon d'interroger sa propre mortalité ?

« J'étais joyeux, dit-il. J'étais heureux. Même si c'était mes dernières images, je serais mort l'appareil à la main. J'aurais informé les autres. Je ne pouvais pas mourir sans m'informer moi-même. »

En se remettant de son opération, cependant, il commença à réfléchir sur ces archives constituées de vingt-cinq photos ; chaque image, il fut heureux de le découvrir, étant toujours présente dans son esprit, comme cela l'avait été avant l'opération. Mais il pense, aujourd'hui, se concentrer sur un nouveau genre de photos.

« Je voudrais en prendre, avec moins de conflit et de tension, des photos moins provocantes, dit-il. Je voudrais montrer la beauté d'Haïti parce que j'y ai vécu, et j'y ai vu autant de beauté que de laideur. J'ai senti autant de puanteurs que d'odeurs réconfortantes comme celle du pain que faisait cuire mon père, à Port-au-Prince. »

Il travaille à un livre sur le plus vieux groupe de musiciens du pays, l'Orchestre Septentrional d'Haïti. Ces musiciens avaient composé et chanté des chansons en l'honneur de François « Papa Doc » Duvalier. Peut-être l'avaient-ils fait pour pouvoir survivre, parce qu'ils avaient vu, depuis la scène pendant le spectacle, des gens dans le public être battus et parfois tués par les hommes de main de Duvalier. Les musiciens de l'Orchestre Septentrional écriront plus tard, et les interpréteront, des chansons pour encourager la résistance, la lutte, et célébrer la fin de la dictature. Parce que l'Orchestre Septentrional était adoré par les Tonton Macoute de

Duvalier, Daniel Morel les avait ignorés, pensant qu'ils étaient des *mizisyen palè*, des artistes mercenaires. Mais un jour, alors qu'il faisait réparer son pneu à plat près du club où ils jouaient, il entendit la musique et en tomba amoureux sans savoir que c'était la leur.

« En Haïti, la musique tient une part importante dans le panorama politique, écrit-il avec sa collaboratrice Jane Regan dans la postface de leur ouvrage, non encore publié, sur l'Orchestre Septentrional. Chaque régime a eu sa musique qui l'a aidé à prendre le pouvoir. Et chacun l'a utilisée pour rester au pouvoir. Et la musique est souvent utilisée aussi pour aider à faire tomber des régimes. Les politiciens haïtiens choisissent les groupes qui leur paraissent plaire au plus grand nombre, puis ils les entretiennent – en instruments de musique, en subventions pour des concerts, le carnaval ou des fêtes champêtres, et ainsi de suite… Le Septentrional a survécu aux orages politiques et sociaux qui ont ravagé le pays Haïti, et ceux musicaux et culturels qui ont menacé d'enterrer tout ce qui est haïtien. »

Il apprécie tellement le groupe qu'il travaille aussi à un film documentaire sur eux. Quand il était venu me voir à Miami, il allait aux funérailles de l'un des plus vieux musiciens du Septentrional.

« Je ne vais pas photographier sa mort, dit-il, je vais photographier sa vie. Quelqu'un peut être dans un cercueil, mais on le ramène à la vie si on sait le capter, si on capte son esprit. Je ne photographie pas la mort aux enterrements, je photographie la vie. »

Je lui demande s'il pense qu'il y a un lien entre la photographie et la mort, il rit et dit : « Poser est la mort.

Je pense que quand on fait poser des gens pour une photo, on les tue. »

Je lui parle d'un photographe de studio à Little Haiti qui dit qu'il est devenu photographe parce que sa mère était morte quand il était bébé et comme il n'y avait pas de photo d'elle, il n'avait jamais vu son visage. Maintenant cet homme prend des photos des mères des autres et imagine qu'il y a de sa mère en elles.

Je lui cite aussi mon poème haïtien favori qui parle de photos, « Touriste » de Felix Morisseau-Leroy, et je récite quelques vers que je connais par cœur.

Touriste, ne prends pas ma photo
Ne prends pas ma photo, touriste
Je suis trop laid
Trop sale
Trop maigre
Ne prends pas ma photo, homme blanc
Mr. Eastman ne sera pas heureux
Je suis trop laid
Ton appareil se cassera
Je suis trop sale
Trop noir

Au cœur de cela, est la complainte de la voix de l'autre côté de l'objectif – un moment très rare où le sujet qui se sent misérable s'exprime – exprime sa peur d'être mal interprété, mal vu, mal compris, d'être présenté hors contexte. Une peur similaire à celle d'autres sujets qui s'inquiètent que leurs âmes leur soient volées par l'objectif d'un appareil qui n'a rien à voir avec leur vie. Accepter d'être photographié, que l'opérateur soit un étranger ou quelqu'un qu'on connaît, est une preuve de grande confiance. Et on peut se rendre compte quand il y a entente ou mésentente entre le sujet et l'objectif, entre le photographe et le photographié capturé. Ce que sont beaucoup des sujets des photos de Daniel. Avant même qu'ils soient photographiés, ils avaient été déjà capturés par les dieux dans des circonstances difficiles.

A l'opposé, cependant, de la personne qui demande qu'on ne la photographie pas est un autre paradigme. Prends s'il te plaît ma photo, dira quelqu'un coincé dans une situation impossible.

Jounalis la, prends s'il te plaît ma photo
S'il te plaît prends ma photo, atis la
Je suis dans le besoin
Désespéré
Pris au piège
Prends s'il te plaît ma photo, jounalis
Que Mr. Eastman aille se faire voir
Je ne suis pas trop laid
Ton appareil ne se cassera pas
Je ne suis pas trop sale
Ni trop noir

Après quatre tempêtes consécutives qui ravagèrent Haïti, mon amie, la journaliste Jacqueline Charles, du *Miami Herald*, me dit que, quand elle arriva avec le photographe Patrick Farrell là où des cadavres d'enfants avaient été repêchés dans une rivière en crue, un père désespéré demanda de l'eau propre pour laver le corps couvert de boue de sa fille et lui mit une jolie robe avant de la laisser photographier – cette photo faisait partie du reportage qui obtint le prix Pulitzer. Sachant que ce serait la dernière image de sa fille, le père voulait qu'elle soit à son meilleur.

Jacqueline me dit que le malheureux père souhaitait que l'histoire de sa fille soit racontée, et même si c'était son histoire personnelle, son visage à elle, cela révélerait beaucoup de la catastrophe immense qu'avaient été pour tous ces tempêtes. L'infortuné père suivait ainsi une longue tradition, d'Haïti ou d'ailleurs, en conservant une photo souvenir du mort afin de le garder près de soi, et en même temps de permettre à celui qu'on aimait de représenter les autres.

Un autre photographe, un Israélien, Daniel Kedar, avait parcouru Haïti pour prendre des photos de fermiers qui ne s'étaient jamais vus en photo eux-mêmes. Ils ne se reconnaissaient pas toujours quand il leur montrait immédiatement le polaroïd.

« Non, je ne suis pas si maigre, lui disait-on. Non, je ne suis pas si vieux. »

Quand tout ne repose pas sur notre image, peut-on s'imaginer soi-même ? Y en a-t-il même besoin quand on n'a que soi en face ? Se voir soudain symboliser un problème, le « visage » d'Haïti ravagée, est un rude réveil, un choc culturel. Mais cela permet de raconter une histoire plus vaste qui, de multiples façons, peut être utile parce qu'elle protège de la disparition totale. Elle force les autres à se souvenir que nous étions – que nous sommes – là.

« *Pito nou lèd, nous la* », proclame sans ambages le proverbe haïtien. Plutôt être moches, mais être là.

« La photographie a quelque chose à voir avec la résurrection, écrit Roland Barthes, ne peut-on dire d'elle ce que disaient les Byzantins de l'image du Christ dont le Suaire de Turin est imprégné, à savoir qu'elle n'était pas faite de main d'homme, *acheïropoïetos* ? »

Ne peut-on pas dire la même chose de tous les efforts créatifs passionnés ?

« Je n'avais jamais eu l'intention de devenir reporter photographe, m'a tant de fois répété Daniel Morel. Je le suis devenu à cause de l'exécution de Numa et de Drouin. J'ai eu peur et je n'ai pas voulu avoir peur à nouveau. Je prends des photos pour ne plus avoir peur de quelqu'un ou de quelque chose. Quand je prends des photos, j'ai l'impression que quelque chose fait rempart, que l'appareil peut-être me protège. »

Avait-il eu envie de protéger Numa et Drouin ? lui ai-je demandé.

Il ne pouvait pas les protéger, dit-il, mais au cours du temps il a eu le sentiment d'avoir peut-être réussi à le faire pour d'autres Numa et d'autres Drouin par ses photos. Lors de cette dernière conversation, je me suis sentie encore plus convaincue que créer dangereusement, c'est aussi créer sans peur, c'est affronter avec audace les terreurs collectives et personnelles qui nous feraient taire et continuer courageusement de l'avant, même si nous croyons poursuivre ou être poursuivis par des fantômes.

En tête de sa nouvelle « Jonas ou l'artiste au travail », de 1955, Albert Camus met en exergue ce verset du Livre de Jonas (I, 12.)

Jetez-moi dans la mer… car je sais que c'est moi qui attire sur vous cette grande tempête.

Créer sans peur, comme vivre sans peur, même quand une grande tempête se déchaîne sur vous. Créer sans peur même quand vous êtes *lòt bò dlo*, à l'autre bord de l'eau. Créer sans peur pour ceux qui voient/surveillent/écoutent/lisent sans peur. Ecrire sans peur parce que, comme le dit mon ami Junot Diaz : « Un écrivain est un écrivain parce que, même quand il n'y a pas d'espoir, même quand rien de ce que vous faites ne semble à la hauteur de vos ambitions, vous continuez malgré tout d'écrire. » C'est peut-être là la définition de l'écrivain. Ecrire comme si vous croyiez, avec la plus grande sincérité et la plus grande témérité, à l'*acheïropoïetos*.

Il y a quelque chose de singulier à se laisser aller à son chagrin dans un lieu envahi par le chagrin des autres. Ma dernière visite au cimetière national de Port-au-Prince datait de février 2003 pour l'enterrement de ma tante Denise. Cette fois-là, comme tant d'autres, je recherchais à nouveau le mur de ciment craquelé que je pensais avoir été éclaboussé par le sang de Marcel Numa et de Louis Drouin. On dit que ce mur avait été construit quelques décennies avant ces exécutions, quand la voix implorante d'une femme s'entendit, venant des feuilles d'un corossolier imposant qui se trouvait au milieu du cimetière. La voix sortant de l'arbre était celle de Gran Brigit, la femme de Baron Samedi, l'esprit gardien du cimetière. Gran Brigit, connue pour sa générosité, donnait de l'argent aux pauvres. La nouvelle que Gran Brigit avait manifesté sa présence se répandit rapidement et une foule immense envahit le cimetière, piétinant les tombes et les mausolées. Le mur fut construit pour tenir à distance les disciples de Gran Brigit.

Je parcourus du regard le grand village des morts et me demandai où avait pu se trouver l'arbre de Gran Brigit. Je regardai le vieux bâtiment à étage près de l'entrée du cimetière, le balcon où avaient dû se tenir beaucoup de spectateurs lors de l'exécution de Marcel Numa et de Louis Drouin. Mais peut-être que ni le bâtiment ni le mur n'étaient ceux que je pensais. Je raconte cette histoire aujourd'hui sans pouvoir garantir sa véracité.

Sur le mur que je crois avoir servi d'arrière-plan pour ces exécutions, je vis des graffitis politiques. Aba -----, à bas -----. Pas le nom d'une personnalité haïtienne, mais quelqu'un que je ne connaissais pas. Mais les tags noirs à la bombe, du même genre que ceux qui envahissaient les murs de Port-au-Prince, enrichis de commentaires familiers, donnaient l'impression que la capitale d'Haïti était pleine d'émules de Jean-Michel Basquiat. La dernière fois où j'étais venue à ce cimetière, il n'y avait pas de plaque commémorative de ce qui s'était passé ici, pour Marcel Numa et Louis Drouin, le 12 novembre 1964.

« Si nous devons mettre des plaques dans tout Port-au-Prince pour commémorer les morts, m'avait dit un jour un ami à qui j'en parlais, il n'y aura pas de place pour autre chose. »

Au lieu de plaques, tout ce que nous avons, ce sont des souvenirs personnels comme ceux de Daniel Morel, quelques minutes d'un film en noir et blanc où ils meurent et meurent encore, et quelques photos où ils restent morts.

La dernière fois où Daniel Morel est venu dans le cimetière, il y avait une pile de corps plus haute que le mur, les corps des victimes du tremblement de terre qui a ravagé Haïti le 12 janvier 2010. Le lieu de la mort de Marcel Numa et de Louis Drouin était insuffisant pour les deux cent mille personnes qui ont péri en même temps cet après-midi-là, à Port-au-Prince.

Les photos de Daniel Morel seront parmi les premières images de mort et de destruction qui parviendront d'Haïti après le tremblement de terre. Il était venu en visite des Etats-Unis et marchait dans les rues quand la terre s'est mise à trembler. Il n'y a plus de retour possible désormais à des images plus « plaisantes » d'une ville et d'un pays qu'il a voulu raconter depuis son enfance. Sa – notre – ville tout entière est devenue un cimetière.

CHAPITRE 12

Notre Guernica

Mon cousin Maxo est mort. La maison, où je me sentais chez moi lors de mes visites en Haïti, s'est écroulée sur lui.

Maxo était né le 4 novembre 1948, après trois jours de travail atroces pour sa mère. « J'ai passé ces trois jours à pousser jusqu'à ce que les yeux m'en sortent », disait Tante Denise.

Une longue cicatrice marquait son sourcil droit, là où elle avait planté ses ongles aux moments les plus douloureux. Elle n'eut pas d'autre enfant.

Maxo s'était souvent plaint parce que ses parents ne fêtaient jamais son anniversaire.

« Tu plaisantes ? lui disais-je, prenant le parti de sa mère. Qui voudrait se souvenir d'un tel supplice ? »

Plaisanteries mises à part, cela le peinait plus que cela n'aurait dû, quoique peu d'enfants à Bel Air, le quartier pauvre et maintenant dévasté où nous avions grandi, voyaient fêter leur anniversaire avec des ballons et des gâteaux.

Maxo m'avait dit qu'adolescent, son auteur favori

était Jean Genet. Il avait lu et relu *Les Nègres*. Il aimait la violence du ton de la pièce, la façon dont on pouvait facilement perdre le fil, ne pas comprendre grand-chose de ce que les gens faisaient et disaient, et puis avoir soudain le sentiment que chacun des personnages s'adressait directement à vous. Il trouvait que c'était une pièce parfaite pour Haïti, qui aurait pu être écrite par un Haïtien.

Depuis la mort de Maxo, ces quelques lignes des *Nègres* me hantent maintenant : « Votre chant était très beau, et votre tristesse m'honore. Je vais faire mes premiers pas dans un monde nouveau. Si j'en remonte, je vous dirai ce qu'il s'y passe. Grand pays noir, je te dis adieu. »

Deux jours après le séisme de magnitude 7.0, qui a frappé Haïti le 12 janvier 2010, je disais encore à mes frères, alors que nous suivions les nouvelles à la télévision, que Maxo n'allait pas tarder à surgir derrière un des présentateurs et prendre la relève.

Maxo était un séducteur. Il pouvait obtenir tout ce qu'il voulait, de l'argent ou des mots aimables, en disant simplement : « Tu sais que je t'aime. Je t'aime. Je t'aime. » Il y réussissait plutôt bien avec notre famille, à New York, lorsqu'il venait parfois en visite ou appelait d'Haïti pour demander qu'on l'aide à financer ses nombreux projets. Il avait une voix qui oscillait entre l'éclat et le rire, et savait présenter sa requête comme un investissement où le prêteur aurait tout à gagner.

J'avais eu des nouvelles de Maxo trois jours avant le tremblement de terre. Il avait laissé un message sur mon répondeur. Il essayait de trouver de l'argent pour reconstruire la petite école que nous avions visitée avec son fils Nick et Oncle Joseph dans les montagnes de Léogâne, à l'été 1999. L'école avait été détruite par une coulée de boue quelques semaines auparavant. Heureusement, aucun des enfants ne fut blessé. (Etrangement, Maxo et son père avaient eu tous deux une école en tête, comme une chose qu'il leur fallait régler avant de mourir.)

Quand le père de Maxo, mon oncle Joseph âgé de quatre-vingt-un ans, quitta Haïti en 2004 après avoir été menacé de mort par un gang, Maxo se trouvait avec lui. Ils étaient venus ensemble à Miami, espérant obtenir l'asile politique. Au lieu de quoi, ils furent détenus par les services américains de la sécurité intérieure et séparés lors de leur garde à vue. Quand Maxo put enfin revoir son père, ce fut pour servir d'interprète auprès du personnel médical du centre de détention, qui accusait mon oncle, alors qu'il vomissait à la fois par la bouche et par l'ouverture de sa trachéotomie, d'être un simulateur. Le jour suivant, mon oncle mourait et Maxo était relâché. C'était le cinquante-sixième anniversaire de Maxo. Lorsque la douleur de la mort de son père s'atténua un peu, il plaisanta. « Mes parents n'ont jamais voulu me souhaiter un joyeux anniversaire. »

Sa demande d'asile rejetée, Maxo retourna en Haïti. Ses cinq jeunes enfants lui manquaient, dont certains n'arrêtaient pas de l'appeler pour savoir quand il rentrerait. Il lui fallait aussi poursuivre l'œuvre de son père – s'occuper des petites écoles et des églises partout en Haïti. Le retour, cependant, fut rude. Au cours de nos conversations téléphoniques, il me parla de l'augmentation du prix des denrées alimentaires à Port-au-Prince. « Si c'est difficile pour moi, imagine pour les autres », disait-il.

Le temps qu'il avait passé en détention aux Etats-Unis l'avait sensibilisé sur les conditions d'emprisonnement et l'absence de droits pour les prisonniers en Haïti. Il appelait souvent pour demander de l'argent afin d'acheter de la nourriture, qu'il portait ensuite au pénitencier national. (Le pénitencier fut un des rares bâtiments gouvernementaux qui tenait encore debout après le séisme de janvier 2010, bien que tous les prisonniers aient réussi à s'en échapper.)

La générosité de Maxo tout comme la gentillesse et le sens très haïtien de la communauté sont peut-être les raisons pour lesquelles, quand quatre étages s'effondrèrent sur lui, sa femme et leurs enfants, le 12 janvier, la famille, les amis et même des étrangers se mirent à creuser et à déblayer les décombres pour les retrouver. Deux jours plus tard, ils arrivèrent à dégager vivants des ruines sa femme et ses enfants, sauf un, âgé de dix ans, Nozial. Même quand il n'y eut plus beaucoup d'espoir, ils continuèrent à creuser pour retrouver Maxo et ceux qui avaient dû mourir avec lui : quelques élèves qui suivaient des cours après l'école, les enseignants, des parents qui étaient venus pour discuter du travail scolaire de leurs enfants. On ne saura jamais combien ils étaient.

Le jour où l'on dégagea les restes de Maxo, un appel survolté nous annonça la nouvelle de Bel Air. Au moins il ne resterait pas dans les décombres. Au moins il n'irait pas dans la fosse commune. D'une certaine façon, cependant, je pense que cela ne l'aurait pas gêné. Tout le monde a été volé de ses rituels, aurait-il dit. Pourquoi pas moi ?

Lorsque le corps de Maxo fut découvert, les téléphones cellulaires fonctionnaient à nouveau, convoyant un flot de voix. Une cousine avait à la tête une plaie ouverte qui saignait encore. Une autre, une fracture du dos et elle avait essayé auprès de trois hôpitaux de campagne pour enfin réussir à se faire radiographier au troisième. Une autre encore dormait devant sa maison et souffrait terriblement de la soif. Une cousine par alliance n'avait plus de médicament pour sa tension. La plupart n'avaient pas mangé depuis des jours. Des amis et d'autres membres de la famille avaient tout perdu, les villes où ils vivaient avaient été détruites, et des dizaines d'autres ne nous avaient pas donné de leurs nouvelles.

Chacun semblait étrangement calme au téléphone. Personne ne criait. Personne ne pleurait. Personne ne se plaignait : « Pourquoi moi ? » ou « Nous sommes maudits. » Même pendant les répliques, ils disaient : « La terre tremble à nouveau », comme si c'était devenu quelque chose de normal. Ils s'inquiétaient pour les membres de la famille qui n'étaient pas en Haïti : un parent âgé, un bébé, ma fille d'un an.

Je pleurais et m'excusais : « Je suis désolée de ne pas être près de vous. »

Ma cousine de vingt-trois ans, un mètre quatre-vingts – une reine de beauté que nous avions baptisée NC (Naomi Campbell) – qui disait qu'elle avait faim et qu'elle avait dormi dans les fourrés avec des cadavres pas très loin, me fit taire.

« Ne pleure pas, dit-elle. C'est la vie.

— Non, ce n'est pas la vie. Ou alors, ce ne devrait pas l'être.

— C'est la vie, insista-t-elle. C'est comme ça. Et la vie, comme la mort, ne dure qu'un *yon ti moman.* » Rien qu'un petit moment.

Je pensais à Maxo, à Nozial, à NC, à Tante Zi, et à tous les autres quand des journalistes m'appelèrent pour me demander ma réaction devant le tremblement de terre et ses suites. J'étais sidérée, comme tout le monde, avais-je envie de dire, je voulais compter mes pertes, me souvenir de chaque instant de chaque jour, de quelqu'un dont je n'avais pas reçu de nouvelles, d'un autre que je n'avais pas réussi à joindre. Mais une fois dépassé l'aspect personnel, balayant ma réticence à parler pour tous, j'ai su ce que je devais dire. J'ai dit : Les Haïtiens aiment se raconter que Haïti est *tè glise*, une terre qui glisse. Même dans les meilleures des circonstances, le pays peut être stable un moment et s'écrouler le suivant. Haïti n'a jamais autant été une terre qui glisse qu'après ce séisme, avec des corps qui jonchent les rues, des communautés entières enfouies sous les décombres, des foyers réduits en poussière. Aujourd'hui les cœurs haïtiens sont aussi une terre qui glisse, pleins d'espoir un temps, puis envahis par le désespoir. Deux cent six ans d'existence auraient-ils finalement touché le fond ? C'est ce que nous nous demandons. Mais, aujourd'hui, même le sol n'existe plus.

Je dis que notre amour pour Haïti n'avait pas changé, qu'en fait il était devenu plus profond. Mais Haïti, ou ce qu'il en reste, a changé. Haïti a changé physiquement, son paysage a été bouleversé de façon dramatique par les secousses sismiques. Les montagnes qui avaient déjà été dépouillées de leurs arbres, minées par l'exploitation du charbon et des pierres pour l'industrie du bâtiment, puis envahies par des habitations peu résistantes, s'étaient écroulées, faisant des pauvres comme des riches des sans-abri.

C'est une catastrophe naturelle, expliquai-je, mais qui se préparait depuis longtemps, en partie du fait de la centralisation excessive de l'économie et des services, des politiques agricoles qui favorisaient les importations. Cela amena nombre d'Haïtiens à quitter leurs terres ancestrales et aller vivre dans une capitale qui pouvait accueillir deux cent mille habitants alors qu'ils s'y retrouvaient trois millions. Si une tempête tropicale peut noyer toute une ville comme le fit Jeanne de Gonaïves en 2004, si les coulées de boue peuvent envahir des quartiers entiers et entraîner les maisons et les écoles, avec leurs habitants, quelles chances pouvaient avoir Port-au-Prince et sa région devant un séisme de magnitude 7.0 ? Avec des milliers de morts enterrés à la hâte, à fleur de terre, ou enfouis dans les décombres sur des kilomètres et des kilomètres, dis-je, Haïti n'est plus seulement une terre qui glisse, c'est aussi une terre sacrée.

Voilà ce que j'essayais de dire à la radio ou à la télévision, dans mes articles de cinq feuillets ou moins. Cela avait un effet thérapeutique sur moi, ces interventions dans les médias et, je l'espérais, cela nous aidait à partager ce deuil et à expliquer ce que beaucoup d'entre nous éprouvaient, ce sentiment profond et paralysant d'avoir tout perdu.

Peut-être était-ce mon rôle, alors, comme immigrante et comme écrivaine – d'être une chambre d'écho, de réunir toutes les voix, puis de les transmettre, venant de tous les lieux dévastés et de ceux qui avaient été touchés à distance. Cependant les mots me manquaient souvent.

« Il n'y a pas de poésie dans les cendres au sud de canal street », avait écrit le poète Suheir Hammad.

Y aurait-il jamais de la poésie dans les ruines haïtiennes ?

Il est trop tôt pour essayer d'écrire, me disais-je. Tu n'étais pas là. Tu ne l'as pas vécu. Tu n'as même pas le droit de parler – pour toi, pour eux, pour n'importe qui. Alors j'ai fait ce que je fais toujours quand mes propres mots m'abandonnent. J'ai lu.

J'ai lu des centaines de récits personnels, des témoignages, des blogs. Un des plus bouleversants était écrit par Dolores Dominique Neptune, une des filles de Jean Dominique, la jeune sœur de Jan J. Dominique.

« Voici l'histoire de la mort de Jean Olivier Neptune écrit par sa mère Dolores Dominique Neptune », a noté la personne qui me l'a envoyé.

« Où est mon fils ? La maison s'est écroulée. Il est dans sa chambre. Sur son lit, écrit Dolores Dominique Neptune. J'ai appelé son nom. J'ai appelé Dieu pour négocier avec Lui. J'ai appelé les voisins. Quels voisins ? Toutes les maisons se sont effondrées et personne ne viendra. »

Plus tard, après les efforts acharnés de nombreux voisins et amis qui avaient littéralement surgi des décombres pour apporter leur aide, elle trouva son fils.

« Quel ange ! écrit-elle. Il est allongé sur son lit, sa main gauche repose sur son estomac. Mon fils est mort ! »

Quelques jours plus tard, je lus ce que mon amie, la romancière Evelyne Trouillot, écrivait de Port-au-Prince, le 20 janvier 2010, en témoignage dans le *New York Times*. « La famille campe dans la maison de mon frère. Je vis juste à côté, mais nous nous sentons mieux d'être ensemble dans la même maison. Mon frère, romancier, écrit ses articles ; j'écris les miens. »

J'ai lu ce qu'envoyait son frère, Lyonel Trouillot, sur Internet, des comptes rendus quotidiens de la vie après le séisme pour l'hebdomadaire *Le Point*.

« La nuit dernière, écrit-il le cinquième jour, j'ai entendu les tambours d'une cérémonie vaudou. Je n'avais pas l'énergie pour savoir s'ils louaient les dieux ou leur adressaient des reproches. J'ai commencé à marcher vers leurs prières, mais je me suis arrêté pour assister à une partie de dominos au clair de lune et écouter les blagues des joueurs sur les vivants et les morts… Je sais que, comme eux, quand le jour s'en va, pour oublier et ne pas être en colère contre le lendemain, moi aussi, j'ai besoin de rire. »

J'avais aussi besoin de rire, alors je me suis remise à lire mon ami Dany Laferrière. Dany est l'une des personnes les plus drôles que je connaisse et son sens de l'humour imprègne souvent son œuvre. Dany était, avec Lyonel et Evelyne Trouillot, un des organisateurs du festival littéraire Etonnants Voyageurs, qui devait avoir lieu à Port-au-Prince le 14 janvier 2010. Invitée à ce festival, je n'avais pu y aller pour des raisons de santé de ma fille âgée d'un an. Je vais souvent en Haïti avec ma famille et nous avons l'habitude d'en profiter pour prolonger nos séjours avant ou après ce genre de manifestation, participer aux Etonnants Voyageurs, avec la quarantaine d'écrivains attendus, aurait fait de nous des victimes ou des survivants du séisme.

Dany Laferrière était l'un des survivants du tremblement de terre. Quelques jours plus tard, il retourna au Canada, où il vit, pour raconter ce qu'il avait vu : le courage et la dignité des Haïtiens qui, avant de recevoir de l'aide, se mirent à chercher et à creuser à mains nues pour retrouver dans les décombres leurs amis et leurs familles, et à partager le peu de nourriture et d'eau qu'ils avaient.

Dany fut critiqué par quelques journalistes canadiens pour avoir quitté Haïti après le séisme. Il aurait dû rester avec les siens, disaient-ils. Et je ne doute pas que s'il avait été médecin, il l'aurait fait. Mais en l'occurrence, son rôle était de témoigner, et il le fit magnifiquement bien, à la radio et à la télévision, écrivant des articles de cinq feuillets ou moins pour ajouter sa voix à celles de beaucoup d'entre nous qui éprouvions ce sentiment profond et paralysant d'avoir tout perdu, une perte qui s'annonce dans son roman de 2009, *L'Enigme du retour*.

Publié à Paris et au Canada un an avant le séisme, ce roman suit un écrivain canadien haïtien qui revient en Haïti après la mort de son père. *L'Enigme du retour* est le premier roman que j'ai lu après le tremblement de terre. Je l'ai dévoré en quelques heures. Au contraire de tous les autres livres de Dany, il n'est pas drôle. Je n'ai pas ri. J'ai pleuré. Le roman se révèle comme un poème, une chanson d'amour pour une Haïti qui n'existe plus. L'Haïti d'avant le tremblement de terre que je commence déjà à idéaliser, l'Haïti où – même dans les temps les plus difficiles – les maisons, les églises, les écoles, les librairies, les bibliothèques, les galeries d'art, les musées, les cinémas et les bâtiments gouvernementaux étaient encore debout.

« Ce qui est sûr, écrit le narrateur écrivain, c'est que je n'aurais pas écrit ainsi si j'étais resté là-bas. / Peut-être que je n'aurais pas écrit du tout. / Ecrit-on hors de son pays pour se consoler ? »

Soudain, cette chronique surprenante d'un retour à une très récente Haïti se transforme en roman historique. Et j'en suis bouleversée. Dorénavant, il y aura toujours l'Haïti d'avant le tremblement de terre et l'Haïti d'après. Et après le tremblement de terre, notre façon de lire et celle d'écrire, à la fois en Haïti et en dehors d'Haïti, ne seront plus jamais les mêmes.

Osant encore parler au nom de tous, je m'aventurerai à dire que peut-être écrirons-nous avec la même ferveur, la même intensité (si ce n'est davantage) qu'avant. Peut-être écrirons-nous avec la même intrépidité, la même espérance. Peut-être continuerons-nous à créer aussi dangereusement que possible, mais notre muse aura été irrémédiablement transformée. Notre peuple, à la fois en et en dehors d'Haïti, a changé. Et d'une façon que je ne suis pas vraiment capable de décrire, nous, les artistes, nous avons aussi changé.

Vingt-trois jours après le tremblement de terre, mon premier voyage en Haïti est bref, trop bref. Une amie me trouve une place qui s'est libérée à la dernière minute dans un avion de la mission humanitaire. Une autre accepte d'aider mon mari à prendre soin de nos petites filles à Miami.

J'arrive à Port-au-Prince dans un aéroport aux murs lézardés et aux vitres brisées. Les champs autour de la piste sont envahis par des hélicoptères militaires et des avions américains. A côté d'une table de bridge occupée par trois officiers de l'immigration haïtiens, un groupe de jeunes soldats américains déambulent avec ce qui semble être des mitrailleuses. A la suite d'un accord entre les gouvernements haïtien et américain, l'armée américaine, qui coiffe l'organisation des secours, a pris possession de l'aéroport Toussaint-L'Ouverture.

A la sortie de l'aéroport, mon ami Jhon Charles, qui est peintre, et l'oncle de mon mari que nous appelons Tonton Jean, m'attendent. De petite taille, Tonton Jean se remarque néanmoins avec son casque noir de motard qu'il porte en permanence pour se protéger de la chute de débris. Jhon et Tonton Jean se tiennent derrière une barrière près du lieu où les Américains ont installé un poste de douane et de contrôle des frontières.

Quelles frontières protègent-ils ? me suis-je demandé. J'ai vite eu ma réponse. Ceux qui possèdent un passeport haïtien ne sont pas autorisés à entrer dans l'aéroport.

Le fils aîné de Maxo, Nick, qui vit maintenant au Canada, est aussi en Haïti. Il est arrivé quelques jours avant moi pour saluer ses morts et voir ce qu'il pouvait faire pour ses frères et sœurs qui ont été extraits, certains blessés, des décombres de la maison familiale de Bel Air. Quand j'arrive à Port-au-Prince, Nick se trouve à l'Hôpital général avec deux de ses frères pour les faire soigner.

L'un d'eux, Maxime, treize ans, a déjà perdu un orteil par la gangrène. On a dit à Nick que sa jeune sœur de huit ans, Monica, risque d'être amputée du pied, mais les médecins américains, qui s'occupent d'elle sous une tente-clinique dans la cour de l'hôpital principal de Port-au-Prince, pensent qu'ils arriveront peut-être à le sauver. Monica pourrait être plus chanceuse que beaucoup que je vois clopiner sur leurs béquilles dans toute la ville, ce qui reste de leurs membres récemment amputés enveloppé par les manches de leur blouse ou de leur chemise, ou par la jambe du pantalon repliée et retenue par des épingles de nourrice.

Je me dirige vers l'hôpital pour voir Nick et les enfants quand je découvre pour la première fois les ruines de mon ancien quartier, qui semble presque entièrement détruit. L'école que j'ai fréquentée gamine n'est plus là. La cathédrale, où toutes les élèves allaient le vendredi suivre la messe, s'est écroulée. La maison de la jeune enseignante qui me donnait des cours de rattrapage s'est effondrée alors que presque toute sa famille s'y trouvait. Le lycée Petion, où des générations d'Haïtiens ont étudié, a disparu. Le centre d'art, qui a soutenu et inspiré des milliers d'artistes haïtiens, tient à peine debout. L'église de la Sainte-Trinité, qu'un groupe d'artistes haïtiens célèbres a décorée de peintures murales retraçant la vie du Christ, s'est écroulée et seul un bout de mur où un Christ blessé semble s'élever vers le ciel se dresse encore. La Grand-Rue, artère principale de Port-au-Prince, a l'air d'avoir été bombardée pendant plusieurs jours consécutifs. Me tenant là au milieu, je pense à un film que j'avais vu sur Hiroshima détruit. Les magnifiques coupoles, qui penchent ou se sont écroulées, du Palais national, le symbole de la nation, évoquent à présent les pertes monumentales subies tant du point de vue humain que structurel. Autour du Palais national s'est développée une importante ville composée d'un patchwork de tentes bricolées, certaines de toile et d'autres d'un assemblage incertain de tôles, semblables à celles qu'on voit un peu partout dans la capitale. Les statues et les monuments, ceux du Marron inconnu, symbole de la fin de l'esclavage, de Toussaint L'Ouverture, Henri Christophe, Jean-Jacques Dessalines, et même la sculpture récente, une sorte de globe massif commandé par le président Jean-Bertrand Aristide pour commémorer le bicentenaire d'Haïti en 2004 – tous ces monuments, fontaines et emblèmes autour du Palais national sont encore là ; cependant, leurs socles servent maintenant de perchoirs, où les gens se baignent et les enfants jouent.

Devant les écoles d'infirmiers et de sages-femmes, près de l'Hôpital général, se trouvent des tas de restes humains qui viennent d'être retirés des décombres. Des nuées de mouches tournent autour. Ces restes ont été réunis en deux grands ballots. Je me demande, à haute voix, si ces étudiants, infirmiers et sages-femmes, étaient en train de s'embrasser, leurs jambes mêlées, quand le plafond s'est écroulé sur eux. Mon ami Jhon me corrige.

« Ce sont des parties de corps, dit-il, des jambes et des bras qui ont été dégagés des décombres et mis sur le côté de la route, où ils ont continué de sécher et se sont agglomérés. » Collés à ces membres décharnés se trouvent des bouts de tissu jauni – des jupes, me semble-t-il, que nombre des femmes devaient porter.

De l'autre côté de la rue, des gens se sont arrêtés pour regarder. Une femme pousse la foule à se repentir. « Priez Jésus ! Nous n'avons que Lui. »

« Nous ne sommes rien, dit un homme, en pressant un chiffon contre son nez. Regardez ça, nous ne sommes rien. »

Jhon est un homme de trente-quatre ans qui, en temps normal, aime bien rire. Depuis son plus jeune âge, il a dessiné et peint, récupérant le matériel nécessaire dans ce que son père artiste abandonnait. Diplômé plus tard de l'Ecole nationale des Beaux-Arts d'Haïti, il peint et enseigne l'art dans les écoles secondaires. Même s'il est au début de sa carrière, il a déjà participé à des expositions à Port-au-Prince, New York, Miami et Caracas. Jhon a grandi à Carrefour, où Tonton Jean vit également. L'épicentre du séisme se trouvait près de Carrefour. Une semaine après le tremblement de terre, mon mari et moi cherchions encore à localiser Jhon et Tonton Jean. Leurs portables ne marchaient pas et, de leur côté, ils étaient très occupés. Tonton Jean dégageait les gens des décombres et Jhon apprenait à dessiner à des enfants traumatisés dans la ville de toile près de sa maison.

Sous la tente-clinique dépendant de l'Hôpital général, je trouve le fils de Maxo, Maxime, qui dort sur un banc près de sa sœur Monica reliée à un goutte-à-goutte d'antibiotiques. Tout autour de Monica, des adultes et des enfants blessés reposent sur le côté ou sur le dos dans des lits de camp. La plupart des adultes ont les yeux vides, tandis que les enfants jettent autour d'eux un regard à moitié intéressé et étudient chaque personne qui se présente. J'essaie de m'imaginer ce qu'ont dû être les premiers jours après le séisme, dans cette tente et dans les autres quand, me dit Tonton Jean, les gens arrivaient à la petite clinique en face de sa maison à Carrefour, sans nez, sans oreilles, sans bras, sans jambes.

Quand je dis bonjour à Monica, elle me regarde et bat des paupières, mais autrement elle ne réagit pas. Son regard est vague, elle semble être encore sous le choc. Voir votre maison et votre quartier, votre ville, s'effondrer, puis voir votre père mourir, et vous-même échapper de justesse à la mort, avant votre dixième anniversaire, tout cela peut paraître insurmontable à un enfant.

Même avant cette tragédie, Monica était une petite fille timide. Lors de mes visites en Haïti, elle ne me parlait que quand on lui disait ce qu'elle devait dire. Et c'était pareil au téléphone. A présent, sous la tente, je lui pose un baiser sur la tête, là où ses cheveux ont été rasés à la va-vite pour mettre un pansement sur son cuir chevelu entaillé par un bloc de ciment.

Avant que je quitte la tente-clinique, la doctoresse américaine, une jeune blonde qui prend soin de Monica, lui donne un badge jaune Smiley.

« Elle est mon brave petit soldat », dit la doctoresse.

Je la remercie en anglais.

« Vous parlez très bien anglais », me dit-elle, avant de se diriger vers le bébé complètement déshydraté dans le petit lit à côté.

Mon arrêt familial suivant est à Delmas, pour voir ma Tante Zi. Même si elle ne s'est pas effondrée, sa maison, perchée sur une colline au-dessus d'une rue animée, est trop fragilisée pour être habitable, aussi Tante Zi demeure-t-elle dans un village de toile installé dans un champ à proximité. Nous avons beaucoup parlé du tremblement de terre. Sa plus grande peur est d'être là si jamais il pleut. Je lui ai conseillé d'aller à La Plaine, où se trouvent d'autres membres de la famille mais elle ne veut pas abandonner sa maison endommagée, craignant qu'elle ne soit mise à sac ou carrément rasée si elle s'en éloigne.

Quand je suis arrivée à la maison de Tante Zi, certains parents de La Plaine, y compris NC, étaient là aussi. Craignant d'entrer dans la maison, nous nous sommes réunis sur le chemin devant, qui est bordé de tentes et de douches de fortune. Je suis étonnée de découvrir à quel point la vie des Haïtiens se passe maintenant à l'extérieur, les gestes les plus intimes se font à la vue de tous : une fille assise entre les jambes de son petit copain sur le capot d'une voiture, une femme qui lave sa vieille mère à l'aide d'un bol et d'un seau. Ce sont des choses que nous avons pu voir autrefois, et maintenant elles se produisent à nouveau, avec quelques variations, devant des dizaines de maisons en ruines ou sur le point de s'écrouler dans presque chaque rue.

Je serre dans mes bras NC, Tante Zi, six de mes cousins et cousines et quatre de leurs enfants. Ils me parlent des autres. Celui qui s'est cassé le dos pourrait être emmené par avion sanitaire hors du pays. Ceux de La Plaine dorment encore hors de leurs maisons mais grâce à un contact à Port-au-Prince ils ont pu avoir de l'eau. Chacun a reçu de l'argent que la famille a pu réunir et leur a envoyé pour se nourrir. Grâce à cela, on tient et se soutient les uns les autres, et tandis que je leur remets les tentes et les bâches qu'ils ont demandées, je me mets à répéter quelque chose que j'ai entendu Tonton Jean dire chaque fois qu'il rencontre un ami.

« Je suis heureuse que tu sois là. Je suis heureuse *bagay la* – que la chose – t'ait laissé en vie et que je puisse te voir. »

Bagay la, cette chose qui sert aux gens à nommer différentes choses, cette chose n'a pour le moment pas de nom officiel. Cette chose que Tonton Jean appelle Ti Roro, du nom d'un garçon qui avait l'habitude de le malmener quand il était jeune, que Jhon appelle Ti Rasta, pour les mêmes raisons, que d'autres à la radio, nomment Goudougoudou.

« Je suis heureuse que Goudougoudou vous ait laissés en vie et que je puisse vous voir », dis-je.

Ils rient et leur rire me remplit de plus d'espoir que l'instant le mérite. Mais c'est vraiment pour cela que je suis venue. Je suis venue pour les embrasser, les vivants, et je suis venue pour rendre hommage aux morts.

Ils m'exposent leurs plaies, physiques et morales, et je les serre contre moi jusqu'à en avoir mal. Je prends des photos pour la famille. Je sais que chacun sera étonné de voir à quel point ils ont l'air bien, à quel point ils sont beaux et cherchent à bien paraître dans leurs vêtements impeccables. Je les aime tant. Je suis tellement fière d'eux. Cependant, je me demande combien de temps ils vont pouvoir vivre de cette façon, en plein air, dans l'attente.

Deux d'entre eux ont des visas touriste pour le Canada et les Etats-Unis, mais ils restent parce qu'ils ne peuvent pas abandonner les autres, principalement les enfants. NC n'a pas de visa. Elle veut un visa étudiant pour continuer ses études de comptabilité à l'étranger. Elle me tend une enveloppe kraft avec tous les papiers nécessaires à l'intérieur, son bulletin de naissance, son bulletin scolaire et autres documents. Elle me les donne pour que je les garde, mais aussi pour voir ce que je peux faire pour elle en dehors du pays.

NC, comme beaucoup de membres de ma famille en Haïti, a toujours surestimé ma possibilité de faire de telles choses, de les sortir de situations difficiles. J'espère que cette fois-ci elle a raison. J'espère que je pourrai l'aider. J'ai quelquefois réussi, mais la plupart du temps, ça n'a pas marché. Le cas le plus grave : mon vieil oncle est mort en essayant d'entrer aux Etats-Unis. Je n'ai pas pu le sauver.

Je dors à Carrefour pour être plus près de la ville de Léogâne, où quelques cousins du côté maternel vivent encore. Près de quatre-vingt-dix pour cent des structures de Léogâne ont été détruites par le tremblement de terre, y compris la petite pharmacie d'un jeune couple que je connaissais, tué par l'effondrement de leur maison. Alors qu'on traversait en voiture Léogâne un matin, Jhon et moi avons remarqué, près d'une pancarte qui réclamait de la nourriture à l'entrée d'un camp de réfugiés, une grande tente blanche décorée d'un dessin surprenant :

un ange magnifique couleur chocolat, le visage tendu vers un ciel indigo, flottant au-dessus d'un tas de corps boueux.

Jhon est descendu de la voiture pour voir de plus près.

Les yeux pleins de larmes, il a murmuré : « Comme Picasso et son *Guernica* après la guerre civile espagnole. Nous aurons notre Guernica.

— Ou des milliers de Guernica. Je pensais comme lui.

Miraculeusement, la maison de ma grand-mère maternelle, la maison où j'avais souvent passé mes vacances d'été quand j'étais petite, est encore debout. Elle avait été reconstruite en dur quelques années auparavant, à la place des cloisons en bois et du toit de tôle que je connaissais et aimais. Le mur autour de la propriété s'est écroulé. Comme la maison que mon cousin Eli et sa femme avaient récemment achetée à quelques pas de là.

Depuis le tremblement de terre, ils ont déjà construit une minuscule maison de deux pièces en bois avec un toit de tôle, avec une étroite galerie, au milieu d'un champ dans un endroit appelé Cité Napoléon, le nom de la famille maternelle. La nouvelle maison d'Eli ressemble à celle de ma grand-mère, celle que j'aimais.

Plus tard, mon dernier arrêt, avant que je quitte Haïti, sera au complexe à Bel Air où Maxo et sa famille vivaient. Il y a l'église, le chef-d'œuvre de mon oncle, qui avait été construite il y a environ quarante ans au niveau de la rue, avec des murs de béton et un toit triangulaire en métal. Sous l'église, dans une sorte de sous-sol qui se prolongeait au niveau d'une autre rue plus bas, étaient les salles de classe d'une petite école. Derrière l'église se trouvait sur deux étages l'appartement de Maxo, où il vivait avec sa famille. Au cours des ans, Maxo avait ajouté deux autres étages et quelques petits appartements de location. Lors du tremblement de terre, tout a été détruit, et alors qu'il courait de la rue où sa voiture était garée jusqu'à l'appartement où sa femme et ses enfants ont été découverts, tout s'est écroulé sur lui et ceux avec qui il était.

Personne ne sait vraiment où se trouvait Nozial, le fils de Maxo, mais on pense qu'il devait jouer là où les décombres sont les plus difficiles à déblayer, où les quatre étages se sont effondrés. Parce que Maxo courait quand le bâtiment est tombé, peut-être a-t-il sauté ou s'est-il traîné dans un endroit où il a été plus facile de le retrouver. L'importance des ruines a rendu impossible d'en extraire les autres.

Quand je suis entrée dans l'église, j'ai été surprise de voir le peu de dommages dont elle semble avoir souffert. Il y a tant de bâtiments détruits autour que sa résistance parait due à quelque grand dessein, comme le crucifix de cinq mètres qui se dresse au milieu des décombres de l'église du Sacré-Cœur, dans le quartier de Turgeau à Port-au-Prince.

L'église est ouverte et, dans un coin, un groupe d'hommes semblent plongés dans une grande discussion quand j'entre. L'un d'eux se propose de me montrer où repose Maxo.

Je descends des marches disjointes de béton et vois, de l'autre côté des murs effondrés du sous-sol, les fondations des deux maisons mitoyennes. J'ai l'impression d'être dans une caverne immense autour de laquelle tout semble s'être plissé. A travers les trous dans le mur, je peux voir une partie des décombres.

Je me rends compte soudain du danger que je cours ici. Et très vite, beaucoup plus vite que je ne l'aurais souhaité, j'ai embrassé mes doigts et me suis penchée pour toucher la tombe de ciment sous laquelle Maxo a été enterré.

Esther, la cousine maternelle qui a organisé son enterrement, a fait graver son nom sur le ciment, sa date de naissance et le jour de sa mort, ce jour où tant d'autres sont morts.

« Nous l'avons enterré ici et j'ai marqué la place, m'avait-elle dit au téléphone, ainsi quand l'un de vous reviendra de *lòt bò dlo*, il pourra voir et toucher sa tombe. »

Je me suis baissée et l'ai touchée à nouveau. Il m'a semblé que je devrais peut-être faire davantage de prières, réciter des psaumes, mais franchement j'ai eu peur. L'église massive repose sur des fondations ébranlées. A la moindre secousse, je serai écrasée.

« Au revoir, Maxo, ai-je dit simplement. Au revoir, Nozial. »

Emergeant du sous-sol de l'église dans le soleil, je me souviens avoir pensé, comme chaque fois que j'ai vu à la télévision quelqu'un qu'on sauve des ruines, que cela ressemble beaucoup à une naissance, cette équipe de secours qui aide, comme des sages-femmes, à dégager une tête, puis une épaule, puis des bras, et des jambes, de la terre dilatée.

Maxo et Nozial, ai-je pensé, n'ont pu renaître à la vie.

A l'aéroport Toussaint-L'Ouverture, au retour, j'ai dû montrer mon passeport américain pour prendre l'avion. L'officier américain de contrôle, à l'entrée, m'a demandé d'enlever mes lunettes en vérifiant ma photo sur le passeport. Il a vérifié le passeport lui-même en l'exposant en transparence au soleil pour voir s'il n'était pas faux. J'ai été embarrassée et un peu humiliée, mais c'est, je suppose, beaucoup moins traumatisant comparé à ce que peuvent subir certains que j'aime et tant d'autres encore. Le deuxième et le troisième officiers du contrôle aux frontières sont des Américains-Haïtiens qui me parlent en créole. Ils me souhaitent un bon voyage de retour « chez moi ».

Dans l'avion, j'entends l'hôtesse remercier les docteurs et les infirmières qui rentrent aux Etats-Unis, après leur mission humanitaire accomplie en Haïti.

« Je suppose que vous rêvez d'un bain chaud, d'un bon lit et de glace US », dit-elle.

Les médecins et d'autres applaudissent et sifflent pour manifester leur approbation.

« Bien, dit-elle, je peux vous offrir l'une de ces choses. De la glace US. »

Et, pour conclure, elle dit : « Dieu bénisse l'Amérique. »

Me sentant plus responsable encore de cette Haïti déjà si blessée, je m'entends crier : « Dieu bénisse Haïti, aussi », ce qui m'a attiré quelques drôles de regards des autres passagers.

L'homme derrière moi me tape sur l'épaule et dit : « Absolument. Que Dieu bénisse à la fois l'Amérique et Haïti. »

Alors que nous décollons, je regarde vers le port, où un hélicoptère militaire fait la navette entre l'aéroport et le navire-hôpital USNS *Comfort* qui est ancré juste à la sortie de la rade de Port-au-Prince. Plus loin en mer se trouvent les gardes-côtes US dont la mission première est d'intercepter les Haïtiens qui essaieraient de prendre des bateaux et d'aller aux Etats-Unis.

J'ai en main l'exemplaire des *Nègres* que j'avais l'intention de laisser sur la tombe de Maxo, sous l'église, mais dans ma hâte et avec la peur que j'ai éprouvée, je l'ai oublié et rapporté avec moi.

Je détourne les yeux des vedettes des gardes-côtes, ouvre le livre, commence à le lire, puis vais à la page qui m'est venue à l'esprit quand j'ai appris la mort de Maxo : « Votre chant était très beau, et votre tristesse m'honore. Je vais faire mes premiers pas dans un monde nouveau. Si j'en remonte, je vous dirai ce qu'il s'y passe. Grand pays noir, je te dis adieu. »

Grand pays noir, je te dis aussi adieu, je crois.

Du moins, pour le moment.

POSTFACE

Un an et un jour

Dans la tradition vaudou haïtienne, certains croient que les âmes de ceux qui viennent de mourir glissent dans les rivières et les ruisseaux et restent là, sous l'eau, pendant un an et un jour. Puis, appelées par la prière et les chants rituels, les âmes émergent de l'eau et les esprits renaissent. Ces esprits réincarnés vont se nicher dans les arbres, et si nous tendons l'oreille, nous pouvons entendre leurs murmures étouffés dans le vent. Les esprits peuvent aussi flotter au-dessus des montagnes, dans des grottes, des cavernes, où des voix familières nous répondent quand nous appelons leurs noms. La commémoration, au bout d'un an et un jour, est considérée, par les familles qui y croient et la respectent, comme une obligation impérative, un devoir honorable, en partie parce qu'elle assure la continuité transcendantale de ce qui nous a gardés, nous Haïtiens, où que nous soyons, liés à nos ancêtres depuis des générations.

Selon cette interprétation de la mort, fort répandue en Haïti, plus de deux cent mille âmes sont allées *anba dlo* – sous l'eau – après le tremblement de terre du

12 janvier 2010. Leurs corps, cependant, sont ailleurs. Beaucoup, comme le fils de Maxo, Nozial, n'ont jamais été retrouvés et dégagés des décombres de leurs maisons, écoles, bureaux, églises ou instituts de beauté. Beaucoup ont été ramassés par les pelleteuses sur les bords des routes et déposés dans les charniers. Beaucoup finirent, comme du petit bois, dans des brasiers, de peur qu'ils ne contaminent les vivants.

« En Haïti, les gens ne meurent jamais vraiment », disaient mes tantes et mes grand-mères quand j'étais petite, ce qui me semblait étrange, car en Haïti les gens mouraient tout le temps. Ils mouraient de désastres à la fois naturels et de la main de l'homme. Ils mouraient de la violence politique. Ils mouraient d'infections qui auraient été facilement traitées ailleurs. Ils mouraient même de chagrin, le cœur brisé. Mais ce que je n'arrivais pas à comprendre, c'est qu'en Haïti les esprits des gens ne mouraient jamais vraiment. Cela est prouvé par des histoires que j'ai vues et lues depuis le tremblement de terre, par des souffrances infinies subies avec courage et dignité : des mères ont passé des nuits dans la boue jusqu'aux genoux, à bercer leurs bébés dans leurs bras, abritées sous une bâche de la pluie torrentielle ; des amputés ont appris à marcher, et même à danser, avec leurs nouvelles prothèses quelques heures après qu'elles ont été posées ; des victimes de viol ont créé des organisations pour protéger d'autres victimes de viol ; les gens ont essayé, de toutes les manières possibles, de retrouver une ombre de leur vie passée.

Mes tantes et mes grand-mères parlaient aussi des âmes qui ne meurent jamais vraiment, même quand les manifestations visuelles et verbales de leur transition – les pierres tombales et les mausolées, les veillées funèbres et les messes, les prières *desounen* qui encouragent le corps à libérer l'esprit, les rituels du deuil de toutes les religions – deviennent un luxe, comme tant de choses en Haïti, comme une maison, comme le pain, comme l'eau potable.

Dans l'année qui a suivi le tremblement de terre, une épidémie de choléra, née de l'eau, a fait cinq mille victimes. Cette épidémie, qui s'est répandue dans le pays, a été déclenchée par des conditions sanitaires insuffisantes au camp de Mirebalais de la MINUSTAH, la Mission de stabilisation des Nations unies – une caserne occupée par plusieurs centaines de soldats népalais – et elle pourrait faire dans les huit cent mille victimes, ce qui quadruplerait le nombre estimé de morts du séisme. Et au risque de contagion s'ajoute un stigmate qui marque même dans la mort. S'approcher d'un être cher mort du choléra est interdit. Aucun bain rituel n'est possible, on ne peut préparer le corps. Il n'y a que des fosses communes.

Dans le nouveau récit populaire et la réalité du choléra, l'eau, ce voile fragile entre la vie et la mort pour tant d'Haïtiens, est devenue désormais un poison redouté. Dans la vallée de l'Artibonite – le grenier du pays – les riziculteurs refusent de pénétrer dans leurs rizières infectées par la bactérie, annonçant ainsi peut-être une pénurie de nourriture qui entraînera d'autres morts, cette fois de faim. Dans la danse précaire pour la survie, dans laquelle nous tenons à honorer nos morts tout en ayant peur de les rejoindre, pourrons-nous faire confiance à nos fleuves et nos rivières pour abriter puis nous ramener les âmes ?

Les jours qui ont suivi le 12 janvier 2010, en regardant en boucle les immeubles s'effondrer et les cadavres enfouis sous les décombres à la télévision américaine, je pensais assister au moment le plus sombre de l'histoire d'Haïti. Puis j'ai entendu un des survivants dire, à la radio ou à la télévision, que durant le séisme, c'était comme si la terre était devenue liquide, comme de l'eau. Et c'est alors que je les ai imaginées, ces milliers et ces milliers d'âmes, glissant dans les rivières et les ruisseaux et attendant un an et un jour pour refaire surface et retrouver leur place parmi nous. Et, un bref moment, j'ai été pleine d'espoir.

Cet espoir n'était pas seulement celui de la possibilité de leur – de notre – renaissance mais de ce jour en plus qui suivrait la fin d'une année terrible. Ce jour en plus ne garantit rien, sauf de nous conduire à l'année suivante, puis à la suivante après elle, et à une autre encore.

Remerciements

Je suis extrêmement reconnaissante à Toni Morrison, que j'apprécie tant, de m'avoir si gentiment proposé de présenter sa seconde conférence annuelle (mars 2008), qui m'a amenée à ce livre. Merci également à Eddie Glaude, Joelle Loessy, Valerie Smith, Chang Rae Lee et Fred Appel pour leur assistance. Et à Cornel West, son présentateur habituel, de m'avoir délégué son rôle. Je profite de l'occasion pour remercier Marcel Duret qui, en faisant la promotion de la culture haïtienne au Japon, m'a permis d'y faire des tournées fort plaisantes et pleines d'enseignement. Tous mes remerciements également à Patricia Benoit, Fedo Boyer, Jim Hanks, Nicole Aragi, Kathie Klarreich, Project MediShare, Kimberly Green et la Green Family Foundation. Et aussi à Daniel Morel pour son travail et le temps qu'il m'a consacré. Et ma profonde gratitude à la John D. et Catherine T. MacArthur Foundation. Et enfin, à Pascalle Monnin pour ses dessins.

Certains des chapitres de ce livre ont paru dans les publications suivantes :

Le chapitre 2 est repris en partie de « A Taste of Coffee », *Calabash* (mai 2001). D'autres extraits sont tirés d'une postface à *Breath, Eyes, Memory*, Edwidge Danticat (Random House Inc., 1999).

Le chapitre 3 est repris en partie de *The Butterfly's Way : Voices from the Haitian Dyaspora in the United States*, Edwidge Danticat (Soho Press, 2003). Et de l'article « Bonjour Jean » paru dans *The Nation* (19 février 2001).

Le chapitre 4 est repris en partie de la préface à l'édition américaine, *Memoir of an Amnesiac* (Caribbean Studies Press, 2008), de *Mémoire d'une amnésique* (Editions du Remue-Ménage, Québec, 2004), de Jan J. Dominique. Les autres citations de l'introduction à *Love, Anger, Madness* (Random House Inc., 2009) (*Amour, Colère et Folie*, éd. Soley, Maisonneuve & Larose, 2005), de Marie Vieux-Chauvet.

Le chapitre 6 est repris en partie de l'essai « Out of the Shadows » paru dans *The Progressive* (juin 2006).

Le chapitre 7 est repris en partie de l'article « Thomas Jefferson : The Private War : Ignoring the Revolution Next Door » paru dans *Time* (5 juillet 2004). Les autres citations sont extraites de l'introduction à *The Kingdom of This World*, d'Alejo Carpentier (Farrar, Strauss and Giroux, 2006) (*Le Royaume de ce monde*, Folio, 2006).

Le chapitre 9 est repris en partie de l'article « On Borrowed Wings » paru dans *The Telegraph of India* (octobre 2004).

Le chapitre 12 est repris en partie de l'article « A Little While » paru dans le *New Yorker* (1er février 2010). Les autres citations sont extraites de l'article « Aftershocks : Bloodied, shaken – and beloved » paru dans le *Miami Herald* (17 janvier 2010).

La postface est adaptée d'un article : « Un an et un jour » paru dans le *New Yorker* (17 janvier 2011).

NOTES

Chapitre 1. Créer dangereusement

Daniel Morel et Jane Regan, de Wozo Productions, m'ont fourni le film de l'exécution de Marcel Numa et de Louis Drouin dont il est question dans ce chapitre. La dernière déclaration de Louis Drouin fut publiée dans *From Glory to Disgrace: The Haitian Army, 1804-1994*, de Prosper Avril (Parkland, FL : Universal Publishers, 1999). « Créer dangereusement », discours d'Albert Camus fait à l'Université d'Uppsala en décembre 1957 (sous le titre général *L'Artiste et son temps*) à la fin des cérémonies de son prix Nobel, est publié dans *Discours de Suède* (Folio). La citation du *Matin* est extraite de *Papa Doc : The Truth About Haiti Today*, de Bernard Diederich et Al Burt (New York : McGraw-Hill, 1969). Toutes les citations de Ralph Waldo Emerson sont extraites de *Ralph Waldo Emerson : Selected Essays, Lectures and Poems*, réunis et présentés par Robert D. Richardson (New York : Bantam Classics, 1990). La citation de Roland Barthes : « L'unité d'un texte n'est pas dans son origine mais dans sa destination » est extraite de « La mort de l'auteur » (*Œuvres complètes*, vol. III, Le Seuil). La citation de Dany

Laferrière de *Je suis un écrivain japonais* (Grasset, 2008) et celle de Jan J. Dominique de *Mémoire errante* (Montréal, Mémoire d'encrier, 2007). Celle de Gabriel García Márquez de *Cent ans de solitude* (Folio). La citation de Toni Morrison est extraite de son discours pour la remise de son prix Nobel le 7 décembre 1993, *The Nobel Lecture in Literature, 1993* (New York : Knopf). Les citations de *Caligula* d'Albert Camus sont extraites de l'édition Folio-Théâtre. Celles d'Alice Walker, extraites de *In Search of Our Mothers' Gardens : Womanist Prose* (New York : Harcourt Brace & Company, 1983).

Chapitre 3. Je ne suis pas un journaliste

La citation de Michèle Montas : « Je ne voulais pas assister à un autre enterrement » est extraite d'une interview avec Bob Garfield pour *On the Media*, titrée « Haiti's Media Crisis », du 14 mars 2003. Pour mieux connaître Jean Dominique et Michèle Montas, voir le documentaire de Jonathan Demme, *The Agronomist*.

Chapitre 4. Les filles de la mémoire

Les citations de Marie Vieux-Chauvet sont extraites de sa trilogie *Amour, Colère et Folie* (éd. Soley, Maisonneuve & Larose, 2005) (l'édition américaine, *Love, Anger, Madness*, a été traduite par Rose-Myriam Réjouis et Val Vinokur, New York : Modern Library, 2009). Les commentaires de Jan J. Dominique sur Jacques Roumain sont extraits de son essai « Roumain et la dévoreuse de mots : L'adolescente et les livres », publié dans *Mon Roumain à moi* (Port-au-Prince : Presses Nationales d'Haïti, 2007). La déclaration de W.E.B. Dubois commençant par « Les Etats-Unis sont en guerre avec Haïti (...) » est extraite de *W.E.B. Dubois. A Reader*, de David Levering Lewis (New York : Henry Holt, 1995).

Chapitre 5. Je parle sans détour

Sauf autre indication, les citations d'Alèrte Belance sont extraites de *Walking on Fire : Haitian Women's Stories of Survival and Resistance*, de Beverly Bell (Ithaca, NY : Cornell University Press, 2001). Les références à *Beloved* de Toni Morrison sont extraites de l'édition Vintage International, New York, 1987.

Chapitre 7. Bicentenaire

Les citations de Thomas Jefferson sont extraites des Archives de la Mémoire américaine de la Bibliothèque du Congrès américain : *The Thomas Jefferson Papers 1606-1827* que l'on peut consulter en ligne :

http://memory.loc.gov/ammem/collections/jefferson_papers

J'ai aussi utilisé les *Notes on the State of Virginia*, éditées par William Peden (Chapel Hill : University of North Carolina Press, 1982). Le discours de Toussaint L'Ouverture qui commence par « En me renversant... » est largement connu et paraphrasé. J'ai utilisé la version qui figure dans *Citizen Toussaint*, de Ralph Korngold (Westport, CT : Greenwood Press, 1979). Pour une récente biographie de Toussaint L'Ouverture, voir celle de Madison Smart Bell, *Toussaint*

L'Ouverture : A Biography (New York : Pantheon Books, 2007). Les commentaires d'Alejo Carpentier à propos d'Haïti et du réalisme magique ont été repris de *Cubanisimo: The Vintage Book of Contemporary Cuban Literature*, de Cristina Garcia (New York : Vintage, 2003).

Chapitre 8. Un autre pays

La citation de Zora Neale Hurston est extraite de *Their Eyes Were Watching God*, dans l'édition Harper Collins Perennial (New York : Harper Collins, 1999). La citation de Massoud Farivar est extraite de son essai « Man on the Path », in *110 Stories : New York Writes After September 11*, édité par Ulrich Baer (New York University Press, 2002). La citation d'Isabel Allende est extraite de *My Invented Country : A Nostalgic Journey through Chile* (New York : Harper Collins, 2003).

Chapitre 9. De retour au pays, en avion

Le poème de Wole Soyinka « New York, USA » figure dans le recueil *Mandela's Earth and Other Poems* (New York, Random House, 1988). « Je n'ai pu écrire un mot / pas de poésie dans les cendres au sud de Canal Street », de Suheir Hammad, est publié dans *Trauma at Home: After 9/11*, édité par Judith Greenberg (Lincoln : University of Nebraska Press, 2003). La nouvelle de Ralph Ellison « De retour au pays » figure dans le recueil *De retour au pays et autres nouvelles* (éd. Grasset, 1996). La citation « Mercredi 18 février 1931, je décollerai de Mercy et volerai avec mes propres ailes.

Pardonnez-moi, je vous aime tous », est extraite de *Song of Solomon* de Toni Morrison (New York, Vintage International, 1977). Les citations de Ralph Waldo Emerson sont extraites de l'essai « The Poet », in *Ralph Waldo Emerson, Selected Essays, Lectures and Poems*, préface de Robert D. Richardson (New York : Bantam Classics, 1990). La citation d'Adrian Dannat à propos de Michael Richards est extraite de la notice nécrologique sur Michael Richards dans *The Independent*, 24 septembre 2001. La citation de Moukhtar Kocache est extraite de « Lost Horizons : An Artist Dead, a Downtown Arts Organization in Ruins », article paru dans *Village Voice*, 18 septembre 2001. La citation d'Assotto Saint est extraite de *Spells of a Voodoo Doll : The Poems, Fiction, Essays and Plays of Assotto Saint* (New York : Richard Kasak Books, 1996).

Chapitre 10. Les esprits accueillants

Je dois une grande partie des éléments biographiques concernant Hector Hyppolite aux livres de Selden Rodman, *The Miracle of Haitian Art* (Garden City, NY : Doubleday, 1974) et *Where Art Is Joy, Haitian Art : The First Forty Years* (New York : Ruggles de Latour, 1988). Les éléments biographiques de Basquiat, particulièrement sa formule : « Papa, je serai très, très célèbre un jour », sont extraits de *Basquiat : A Quick Killing in Art*, de Phoebe Hoban (Harmondsworth, UK : Penguin, 1998). L'interview de Jean-Michel Basquiat par Demosthenes Davvetass a été publiée dans *New Art International* n° 3 (octobre-novembre 1998) et reprise dans le catalogue de l'Exposition Basquiat (Milan : Edizioni Charta and Civico Museo Revoltella Trieste, 1999). L'interview Miller/ Basquiat (*Jean-Michel Basquiat. An Interview*, ART/New

York, n° 30A, 1989) est de Inner Tube Video. L'article d'Adam Gopnik « The Madison Avenue Primitive » est paru dans le *New Yorker*, le 9 novembre 1992.

Chapitre 11. Archeïropoïetos

Le poème « Tourist » par Felix Morisseau Leroy a été traduit en anglais du créole haïtien par Jack Hirschmann et largement diffusé sur Internet ainsi que dans *Haitiad and Oddities*, publié par Jeffrey Knapp (Austin : University of Texas, 1991). La citation de Junot Diaz est extraite de son essai « Becoming a Writer », publié dans *The Oprah Magazine,* novembre 2009. Selden Rodman et Carole Cleaver donnent une version de l'histoire de Gran Brigit et de l'arbre du cimetière dans *Spirits of the Night : The Vaudun Gods of Haiti*, (Dallas : Spring Publications, 1992). Les citations de Susan Sontag sont tirées de *On Photography* (New York : Farrar, Strauss, Giroux, 1973). Les citations de Roland Barthes sont tirées de *La Chambre claire* (in *Œuvres complètes*, vol. V, Le Seuil). Le livre de Jane Regan et Daniel Morel sur l'Orchestre Septentrional n'a pas encore été publié. La nouvelle « Jonas ou l'Artiste au travail », d'Albert Camus, est publiée dans le recueil *L'Exil et le royaume* en Folio.

Chapitre 12. Notre Guernica

Les citations des *Nègres* de Jean Genet sont extraites de l'édition Folio. Celles de Dolores Dominique Neptune d'un courriel daté du 30 janvier 2010 envoyé par Claudine Michel, professeur à l'Université de Californie, dans le département des Black Studies, Santa Barbara. Celle d'Evelyne Trouillot de son article dans le *New York Times* du 20 janvier 2010, « Aftershocks ». Celle de Lyonel Trouillot de son « Carnet de Bord à Haïti : Faits divers de nos mauvais jours, 5/9 », publié le 24 janvier 2010, sur www.lepoint.fr.

INDEX

ALEXIS, Jacques Stephen, 22, 25-26.
ALLENDE, Isabel, 137-138.
ALLENDE, Salvador, 137.
Alliance française, 18, 59-60.
ALMODÓVAR, Pedro, 63.
ALPHONSE-FÉRÈRE, Gérard, 66.
AMADO, Jorge, 27.
Araignées du soir (Les), 87.
ARISTIDE, Jean-Bertrand, 59, 64-65, 97, 104, 124-125, 129-170, 194.

BARTHES, Roland, 26, 168-169, 177.
BASQUIAT, Jean-Michel, 153-157, 159-162, 179.
BAUDELAIRE, Charles, 79.
Beauséjour (Haïti), 34-36, 40, 43-44, 49, 54.
BELAFONTE, Harry, 104.
Bel Air (Haïti), 18-19, 24-25, 181, 184, 192, 200.
BÉLANCE, Alèrte, 63, 93-107.
BELL, Beverly, 106.
BENOIT, Patricia, 96-97, 99, 102, 104-105.
BONAPARTE, Napoléon, 123, 159.
BOUCKMAN (BOUKMAN), 126.
BRETON, André, 155.
BRIGIT, Gran, 178-179.
BUSH, George W., 133.

CAMUS, Albert, 9, 16, 18-24, 27, 30, 177.
CAPOTE, Truman, 155.
CARPENTIER, Alejo, 126-127, 129.

CARTER, Jimmy, 169.
Centre d'art (Le), 155, 193.
CERVANTÈS, Miguel de, 27.
CÉSAIRE, Aimé, 20, 27.
CHARLES, Jacqueline, 175-176.
CHARLES, Jhon, 192, 194-195, 198-200.
CHRISTOPHE, Henri, 128-129, 194.
Ciné Club, 60-61.
CLINTON, Bill, 104.
Club de Bonne Humeur (Le), 18.
COLETTE, 22.
COOK, Mercer, 62.
CORNEILLE, Pierre, 17.
CORTÉS, Hernán, 159.
Cuba, 62, 126-127, 154.

DALEMBERT, Louis Philippe, 24.
DANIELS, Josephus, 83.
DANNAT, Adrian, 150.
DANTICAT, Kelly, 95.
DANTICA, Maxime, 193, 195.
DANTICA, Maxo, 22, 33, 181-186, 192, 195, 200-204, 206.
DANTICA, Monica, 193, 195-196.
DANTICA, Nick, 33-39, 41-43, 49, 51-52, 55, 192-193.
DAVVETAS, Demosthenes, 159.
DAY, Edner, 24.
DELENS, 111-112, 114, 117.
DEMME, Jonathan, 59, 63, 67, 70, 72, 105.
DEPESTRE, René, 20.
DEREN, Maya, 9, 158-159.
DESSALINES, Jean-Jacques, 128-129, 194.
DIAZ, Junot, 178.
DIDEROT, Denis, 27.
DOMINIQUE, Jan J., 69, 77, 79-85, 90-91, 188.
DOMINIQUE, Jean, 57-77, 90, 104, 188.
DOMINIQUE, Philippe, 24, 58.
DOSTOÏEVSKI, Fiodor, 91.
DROUIN, Louis, 11-18, 22-24, 26, 32, 60, 81, 165-169, 177-180.
DUBOIS, W.E.B., 83.
DUMAS, Alexandre père, 78.
DUMAS, Alexandre fils, 78.
DUMAS, Marie-Césette, 78.
DUVALIER, François « Papa Doc », 11-13, 15, 17, 19-23, 26, 28, 58, 60, 79, 81, 87-90, 165, 167, 172-173.
DUVALIER, Jean-Claude, 21.

Egypte, 26, 32.
ELLISON, Ralph Waldo, 21, 151.
EMERSON, Ralph Waldo, 21, 27, 149-151.
ERZULIE, Freda, 156, 160-161.
Etonnants Voyageurs, 189.
EURIPIDE, 22.

FANON, Frantz, 20.
FARIVAR, Massoud, 137-138.
FARRELL, Patrick, 175.
FELLINI, Federico, 60.
FLAUBERT, Gustave, 27, 85.
FOUCHÉ, Franck, 20.
FRANKÉTIENNE, 24-25.

GARCÍA MÁRQUEZ, Gabriel, 29.
GÉDÉON, Marie Maude, 143.
GENET, Jean, 182.
GIBBS, Nancy, 134.
GINEN, 162-163.
GLOVER, Danny, 104.
Gonaïves (Haïti), 187.
GOPNIK, Adam, 163.
Goudougoudou (tremblement de terre), 198.
GREENE, Graham, 20.

HAMILTON, Alexander, 123.
HAMMAD, Suheir, 147, 188.
HEARTFELD, Kate, 134.
HOLDER, Geoffrey, 155.
Hougan, 158.
HUGHES, Langston, 62.
HURSTON, Zora Neale, 131, 133.
HYPPOLITE, Hector, 154-162.

ILYANA, Tante, 34-45, 48-55, 68, 77, 117, 143.
IZMÉRY, Antoine, 63, 65.

JEFFERSON, Thomas, 121-125, 127.
Jeune Haïti, 12-13, 17.
JOSEPH, Oncle, 19, 23, 33-34, 36, 38-41, 43, 49, 51-52, 55, 77, 183.

Katrina (ouragan), 133, 136, 138.
KEDAR, Daniel, 176.
KENNEDY, John F., 170.
KIPLING, Rudyard, 27.
KOCACHE, Mokhtar, 150.
KOINANGE, Jeff, 133.
Krik ? Krak ! (Danticat), 4, 144.

LABUCHIN, Rassoul, 61.
LAFERRIÈRE, Dany, 26, 189-190.
LA FONTAINE, Jean de, 78.

LALANNE, Jean Wilmer, 72.
La Nouvelle-Orléans, 132-135.
LAWRENCE, D.H., 85.
Legba, 156, 159, 161.
Léogâne (Haïti), 34, 47, 166, 183, 199.
LINCOLN, Abraham, 93, 123.
LOPE DE VEGA, Felix, 27.
LOUISSAINT, Jean Claude, 68, 71.
L'OUVERTURE, Toussaint, 121-122, 125-126, 128-129, 159-160, 194.
Lwas, 157-158, 161.

MALARY, Guy, 63, 65.
MALLARMÉ, Stéphane, 118.
MANDELSTAM, Ossip, 21-22.
MARIUS, Cousin, 109-118.
Miami, 34, 57, 65, 90, 109-111, 113, 141, 144, 166, 171, 173, 175, 183, 192, 195.
Midnight Oil, 109.
MILLER, Marc, 153-154, 162.
MONTAS, Michèle, 57, 64, 69, 70-76.
MOREL, Daniel, 165-170, 173, 175, 177, 180.
MORISSEAU-LEROY, Felix, 21, 174.
MORRISON, Toni, 21, 29, 105, 148.

NC, Cousine (Naomi Campbell), 185-186, 197, 199.
NEPTUNE, Dolores Dominique, 188.
NOËL, Ti, 126-127.
NOZIAL, 184, 186, 201-203, 206.
NUMA, Marcel, 11-18, 22-24, 26, 32, 60, 81, 165-169, 177-180.
NUMA, Nono, 17.

O'BRIEN, Soledad, 133.
Ogoun, 91, 128-129, 156, 160.
Orchestre Septentrional d'Haïti, 172-173.
OSWALD, Lee Harvey, 170.

PASCAL, Blaise, 78.
PEDRO, Sophia, 132.
PETERS, Dewitt, 155.
PICASSO, Pablo, 157, 200.
PICKERING, Timothy, 123.
Port-au-Prince, 11, 15, 18, 24, 37, 39, 45, 51, 53, 59, 68-69, 75, 85, 90, 97, 109-111, 115, 118, 125, 134, 141, 155, 166, 172, 178-180, 184, 187, 189, 192-193, 195, 198, 201, 204.

PRÉVAL, René, 71, 72.
PROUST, Marcel, 90.

RABELAIS, François, 78.
RACINE, Jean, 79.
Radio Haïti Inter, 57, 72, 74, 76.
REGAN, Jane, 173.
RÉJOUIS, Rose-Myriam, 88.
RESNAIS, Alain, 60.
RICHARDS, Michael, 148-152.
ROBINSON, Randall, 104.
RODMAN, Selden, 155, 158.
ROUMAIN, Jacques, 27, 62, 80.
ROY, Mlle, 79.
RUBY, Jack, 170.

Sacré-Cœur, église du (Port-au-Prince), 201.
SAINT, Assoto, 140, 143.
SAMEDI, Baron, 28, 81, 156, 160, 178.
SAND, George, 22.
Santeria, 95.
SARANDON, Susan, 104.
SCHNABEL, Julian, 157.
SÉÏDE, Maxime, 75.
SENGHOR, Léopold, 27.
SHAKESPEARE, William, 27.
SHUTT, Cornelia (Ti Corn), 62.
SONTAG, Susan, 168.
SOPHOCLE, 20, 21, 27.
SOYINKA, Wole, 145.

THOBY-MARCELIN, Philippe, 155.
Titanyen, 98, 100, 106.
TONNERRE, Boirond, 129.
TONTON JEAN, 192, 195-196, 198.
TROUILLOT, Evelyne, 189.
TROUILLOT, Lyonel, 189.

Vaudou, 95, 157-158, 162, 205.
Vèvès, 128, 156, 161.
VIEUX-CHAUVET, Marie, 20, 85-91.
VINCENT, Jean-Marie, 65.
VOLTAIRE, 22, 79.

WALKER, Alice, 21, 25.
WINFREY, Oprah, 45, 105.

ZI, Tante, 111-117, 186, 197.
ZOLA, Emile, 78.

TABLE

1. Créer dangereusement : l'artiste immigrant à l'œuvre 11
2. Marcher droit 33
3. Je ne suis pas un journaliste 57
4. Les filles de la mémoire 77
5. Je parle sans détour 93
6. L'autre bord de l'eau 109
7. Bicentenaire 121
8. Un autre pays 131
9. Retour au pays, en avion 139
10. Les esprits accueillants 153
11. Acheïropoïetos 165
12. Notre Guernica 181

Postface. Un an et un jour 205

Remerciements 209
Notes 213
Index 221

Cet ouvrage a été imprimé
par CPI Firmin-Didot
Mesnil-sur-l'Estrée
pour le compte des Éditions Grasset
en février 2012

Mise en pages PCA
44400 Rezé

Dépôt légal : février 2012
N° d'édition : 17008 – N° d'impression : 108531
Imprimé en France